EXERCISE
AND
TRAINING
PHYSIOLOGY

A simple approach
Includes newest scientific findings

スポーツコーチのための
トレーニング
生理学

ヤン・バングスボ——著
Jens Bangsbo

安松幹展 + 宮城 修——監訳
Mikinobu Yasumatsu Osamu Miyagi

大修館書店

EXERCISE AND TRAINING PHYSIOLOGY
A Simple Approach

By Jens Bangsbo

Published by arrangement with
SISU Sports Books and Jens Bangsbo
through Japan UNI Agency, Inc., Tokyo.

Taishukan Publishing Co., Ltd.
Tokyo, Japan, 2020

はじめに

　運動に対する身体の反応、あるいは体を動かすトレーニングによる健康や身体機能の改善といったことに、日々関心が寄せられている。

　私がサッカー選手として過ごしたユベントスFC（イタリアセリエA）やコーチとして携わったデンマーク代表チームでの経験から言えるのは、運動やトレーニング生理学の基礎を理解することによって、多くの選手たちがその恩恵を得ることができたということだ。その経験から、ハイレベルのパフォーマンス発揮が求められる競技スポーツのトレーニングプログラムはもちろんのこと、レクリエーション活動や疾病の予防や治療に関することまで、知識さえあれば、誰もが情報に基づいて意思決定できるということがわかった。

　ほとんどのスポーツは、技術的、戦術的、心理・社会的、体力的要素を持ち合わせており、競技によってはその優先順位はさまざまであろう。ただ、ほとんどのスポーツ種目において、試合中やトレーニングの際にアスリートに求められる体力的要素の優先順位は高いはずである。ましてや、最高のパフォーマンスを発揮するためには、優れた体力的コンディションがその礎となる。確かに、専門的なトレーニングをおこなえば高いレベルの体力を作り出すことは可能である。しかしそのためには、身体のさまざまな器官・組織ごとに、異なるトレーニングのタイプやそれらの効果についての知識、およびその基本的な理解は欠かせない。

　本書の目的は、運動に対する身体の生理学的反応をシンプルに説明し、その知識をトレーニングに役立てる方法を伝えることである。コーチ、選手、医師、学生など、トレーニング生理学をもっと探求したい人たちに向けては、最近の研究結果も紹介しながら、安全で効果的にトレーニングを実践するための情報を提供している。また、それぞれの章末の「学習課題」は、それらのトレーニング生理学の主要なポイントを理解する良いツールとなるであろう。

　トレーニングの成果が、科学的な理解の元に実を結ぶことを願っている！

ヤン・バングスボ

目　　次

序章

Introduction

　ヒトの身体は、器官・組織の形成、食物の消化、筋収縮、神経インパルスの伝達など、身体活動のあらゆる過程で、エネルギーを必要とする。運動をおこなうには筋の収縮が必要であり、筋を構成する筋線維と呼ばれる細胞では、グルコースなどの栄養素や酸素（O_2）から生じるエネルギーが筋の収縮に利用される。そして、その過程で生成されるのが二酸化炭素（CO_2）と水（H_2O）である。

$$グルコース + 酸素 → 二酸化炭素 + 水 + エネルギー$$

　グルコースが代謝される過程で生成された生化学的エネルギーは、おもに筋での機械的エネルギー（Work）に変換され、残りのエネルギーは熱として消えてなくなる。ある運動をおこなうときに必要なエネルギー量（E）に対して、その運動で実際に身体がおこなう仕事量（W）は、機械効率（W/E）と呼ばれている。機械効率は、さまざまな要因、特に運動のタイプに依存する。例えば、自転車運動中の機械効率は20〜25%しかなく、言い換えるなら、生成されたエネルギーの75〜80%は熱となり、体温の上昇を引き起こすことになる。そして、この体温上昇分の熱は、おもに皮膚からの発汗による気化熱として体外に放散される。

　食物に含まれるおもな栄養素は、炭水化物（糖質）、脂肪（脂質）、タンパク質であるが、水、ビタミン、ミネラルも生命の維持には重要な栄養素であり、それらは食物から摂取しなくてはならない。ビタミンやミネラルは、それ自体はエネルギーを含まないが、不足するとスポーツのパフォーマンスの低下につながる可能性がある。身体のエネルギーバランスとしては、身体で必要となるエネルギー量に応じた栄養素の摂取が必要となる。アスリートは一般の人たちよりエネルギーの必要量も多いので、トレーニングや競技をおこなう際の摂取エネルギー量も、一般の人よりは多くなる。炭水化物、脂肪、タンパク質は、消化器官で消化後、それぞれ腸管で吸収され、血流によって体内の細胞に運ばれる。細胞に運ばれた栄養素は、その細胞内でエネルギーに変換されて利用されるか、もしくは他の器官組織で利用するために蓄えられる。す

なわち、身体活動の変化に応じて必要となるエネルギーを確保するために、栄養素の一部は予備的な蓄えにまわされるということである。

炭水化物は、身体活動のおもなエネルギー源である。炭水化物を多く含む食物とは、米、パン、イモ類、果物やパスタなどである。炭水化物は、グリコーゲンの形で肝臓に約100g、筋に約400g貯蔵されている。グリコーゲンの貯蔵量は、高炭水化物食の摂取とトレーニングの実施の両方によって、肝臓で250g、筋で800gまで増加させることができる。また、血液や組織液にも約20gの炭水化物がグルコースの形で貯蔵されている。運動中の炭水化物の利用量は、それまでの食事の状況や実施する運動の強度によって増減する。

脂肪もまた、エネルギー源となる栄養素であり、乳製品、サラダ油やナッツ類に多く含まれている。脂肪は脂肪細胞に貯蔵され、そのほとんどは腹部や臀部の皮下脂肪層に存在するが、一部の脂肪細胞は筋線維の周りにも存在している。身体には、炭水化物よりも脂肪のほうが多く貯蔵されており、健康男性で体重の約10%、健康女性で体重の約20%にもなる。運動時間や強度に関係なく、エネルギー源として利用される脂肪量は食事内容によって増減する。例えば、高脂肪食は血液中の脂肪量を増加させ、運動時の脂肪利用によるエネルギー生成を増やすことになる。

タンパク質は、エネルギー源としては蓄えられていないが、全身の組織に存在し、特に筋細胞には、筋収縮に関わるアクチンやミオシンなどのタンパク質が（その他、筋収縮に関わらないタンパク質も含めて）大量に存在する。タンパク質は、牛乳、卵、魚、肉などの食物に多く含まれており、消化によりアミノ酸に分解吸収され、おもに新しい組織の構築や、トレーニングや試合により損傷した組織の修復に利用される。安静時、運動時ともに、エネルギーの生成はおもに炭水化物と脂肪によりおこなわれ、タンパク質は安静時では総エネルギー利用量の10〜15%、運動時では5〜10%しかエネルギーとして利用されない。このように、タンパク質のエネルギー利用は運動時のほうが割合は少ないが、実際には運動中の総エネルギー利用量は安静時より多くなり、その分エネルギーとして利用されるタンパク質量も多くなる。タンパク質によるエネルギー生成量は、運動時間や運動強度に応じて増減し、筋のグリコーゲン量にも依存する。筋にグリコーゲンが十分に貯蔵されているときには、タンパク質（アミノ酸）によるエネルギー生成量はより少なくなる。他方、絶食のような特殊な状況下では、タンパク質は重要なエネルギー源として多く利用される。

図1は、大気中から筋線維への酸素の運搬経路を示している。

外気中から酸素を取り込み、筋線維や体内の器官、組織へ運搬する作業は、肺と心臓循環系を通しておこなわれる。まず、酸素を豊富に含む空気が肺へ吸い込まれ、酸素は肺の中の肺胞の薄い膜を通して、肺胞を覆う毛細血管に拡散される。

拡散により血液中に入った酸素は、赤血球内にあるヘモグロビンというタンパク質と結合する。その酸素が豊富に含まれた血液は、心臓のポンプ機能によって、動脈を通じて全身の組織に送り出される。筋では、拡散によって血管から酸素が取り込まれる。拡散とは、エネルギーを必要としない濃度勾配（物質濃度の高低）による物質の移動（高いほうから低いほうへ）で

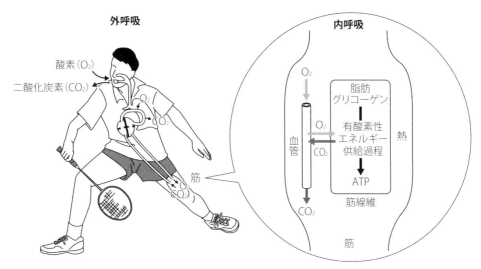

図1　大気中から筋線維への酸素の運搬経路
酸素を豊富に含む空気は鼻、口、気管を通って肺に入り、酸素は肺で血管に拡散され、筋線維へ運ばれる。酸素と栄養素は細胞内の化学反応によって代謝され、エネルギーが生成される（ATPとして貯蔵される）とともに、代謝産物として二酸化炭素が発生する。筋で発生した二酸化炭素は血液に拡散され、肺に運ばれた後、呼気として体外に排出される。

ある。したがって酸素は、酸素濃度が高い血管から、酸素を利用することで酸素濃度が低くなっている筋内へ常に拡散される。この拡散は、血管壁と筋線維周辺の膜の、2つの薄い膜を通しておこなわれる。

　運動中は、筋収縮に必要なエネルギーを生成するために、筋における酸素需要量が増加する。このエネルギー生成過程で代謝産物として発生する二酸化炭素は、血管よりも筋線維内のほうが高濃度であり、拡散によって筋から血管内に移動する。血管に移動した二酸化炭素は、心臓循環系によって肺に運搬され、呼吸により外気中に排出される。そして、再び酸素が吸入され筋に運ばれるといったサイクルが繰り返される。二酸化炭素だけではなく、運動中に筋で発生する熱も血液に吸収され全身に循環される。

　このように、酸素を利用してエネルギーを生成する過程を**有酸素性エネルギー供給過程**（aerobic energy process）と呼んでいる。筋ではもうひとつ、酸素を利用せずにエネルギーを生成する過程もあり、これを**無酸素性エネルギー供給過程**（anaerobic energy process）と呼んでいる。この過程では、リン酸という高エネルギー化合物が分解され、さらに炭水化物が代謝の過程を経て乳酸に変換される。

　図2は、さまざまなタイプのトレーニングの運動強度の範囲を示している。

　トレーニングには、大きく分けて**有酸素性トレーニング**（aerobic training）と**無酸素性トレーニング**（anaerobic training）2つのタイプがある。2つのタイプは、それぞれのトレーニング中において優先的に利用されるエネルギー供給過程によって区別される。この2つのトレーニングタイプに関しては、ある一定**運動強度**（exercise intensity）、すなわち、個々人の**最**

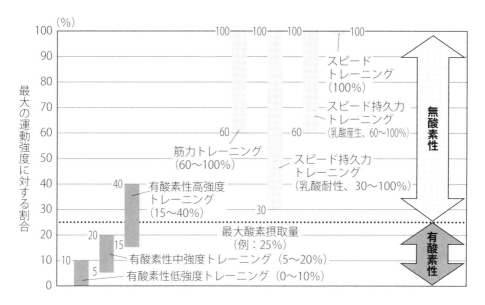

図2　さまざまなトレーニングタイプの運動強度範囲

運動強度範囲は最大運動の強度（100%）からの割合で示している。水平方向の点線は、最大酸素摂取量強度を示している。ここでは、例として25%近辺に点線が引かれているが、個人差が大きく、10〜60%と範囲も大きい。

大酸素摂取量（the maximal oxygen uptake）に相当する運動強度（以下、**最大酸素摂取量強度**）を基準に考える（この場合、%最大酸素摂取量強度とも表記する）。最大酸素摂取量強度とは、一般的には**最大運動の強度**（maximal exercise intensity）の10〜60%に相当する運動強度である。個人差は相当大きいものの（図では25%としている）、一般的有酸素性トレーニングは最大酸素摂取量強度以下でおこない、無酸素性トレーニングは最大酸素摂取量強度以上でおこなう。また、これら2つのタイプのトレーニングは、それぞれさらに細かく分類することができる。有酸素性トレーニングは**低強度**（low-intensity）、**中強度**（moderate-intensity）、**高強度**（high-intensity）の3つのトレーニングに、無酸素性トレーニングは**スピード**（speed）、**スピード持久力**（speed-endurance）のトレーニングに分類される。スピード持久力トレーニングはさらに、**乳酸産生**（production）、**乳酸耐性**（tolerance）のトレーニングに分類される。3つめのトレーニングのタイプである**筋力トレーニング**（resistance training）は、筋力やパワー発揮を目的としたトレーニングであり、おもに無酸素性エネルギー供給過程を利用しておこなわれるため、無酸素性トレーニングに分類して考える。

　このあとの各章では、安静時と運動時で生じる現象をより詳しく解説しながら、なぜトレーニングによってパフォーマンスが改善するのか、さらには、有酸素性トレーニング、無酸素性トレーニング、筋力トレーニングの3つのトレーニングタイプが生理学的に身体に引き起こす効果を解説していく。

第1章　呼吸

Respiration

　序章の図1（p.3）でも示しているように、呼吸には**内呼吸**（internal respiration）と**外呼吸**（external respiration）の2つの種類がある。内呼吸とは細胞内で栄養素を燃焼させる過程であり、酸素が利用されて二酸化炭素が発生する。酸素は血液によって細胞に運ばれ、また老廃物の二酸化炭素は細胞から排出される。全身の酸素と二酸化炭素を一定の濃度に維持するために、酸素摂取量と二酸化炭素排出量は内呼吸のレベルで調整されている。一方、肺には大気中から空気を取り込む外呼吸の過程で、酸素摂取量と二酸化炭素排出量を調節する役割がある。

　大気中から細胞への酸素の運搬にはいくつかの段階がある。最初の段階は吸気であり、横隔膜と外肋間筋（肋骨の間の筋）の収縮によって引き起こされる。横隔膜と外肋間筋は呼吸筋と呼ばれており、それらの収縮によって胸郭は広がり、肺の内部の圧力が下がることになる。その結果、空気はまず、鼻、口、気管を通って肺に流れ込む。肺に流れ込んだ空気は、**図3**に示すように、その後、気管支、細気管支、さらにより小さな末端の気管支（葉気管支）を通して、薄い壁に囲まれた空気袋である肺胞に運び込まれる。肺胞は、最も小さな血管である**毛細血管**（capillaries）に囲まれている。体内に酸素を取り入れ、体内から二酸化炭素を排出することを意味する**ガス交換**（gas exchange）は、肺胞と肺毛細血管の間で起こる。酸素は濃度勾配により、高濃度状態の肺胞内から低濃度状態の血液に拡散し、二酸化炭素は逆に肺胞内へ拡散する。安静時においては、呼吸筋が弛緩することで胸の体積が元の状態（安静時の体積）に戻り、それにより空気が肺から押し出されることで呼気が起こる。運動中には、腹筋と他の呼吸筋（内肋間筋）の収縮が加わり、この受動的な呼気量も多くなる。

1. 換気

　呼吸中における肺でのガス交換は**換気**（ventilation）と呼ばれる。それは**毎分換気量**

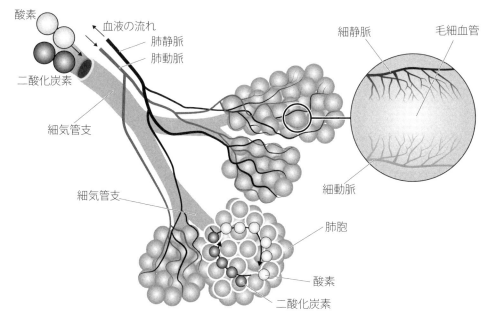

図3　肺における血液の流れとガス交換
肺に入った空気は、気管、気管支、さらに細気管支を通って肺胞に流れ込む。酸素（O_2）を取り込み、二酸化炭素（CO_2）を排出するガス交換は、肺胞内の細静脈と細動脈の間の肺毛細血管における拡散によっておこなわれる。

(ventilation rate）として定義され、**1回換気量**（tidal volume）と**呼吸数**（respiratory frequency）を掛け合わせた1分間の呼気量（ℓ/分）で示される。毎分換気量は、呼吸の深さ（1回換気量）と速さ（呼吸数）によって増加させることができる。

$$毎分換気量（\ell/分）＝1回換気量（\ell）×呼吸数（回/分）$$

　表1のように、トレーニング実施の有無にかかわらず、成人の安静時における1回換気量は約0.5ℓ、呼吸数は約12回/分、毎分換気量は約6ℓ/分である。運動中は筋における酸素需要が高まるため、1回換気量および呼吸数の両方が増加することで、結果として毎分換気は増加する。呼吸数増加のおもな原因は、運動筋での乳酸の産生が増加し、血液の酸性度が高まることによる。最大強度運動時には、トレーニングをおこなっていない人でも、1回換気量は約3.0ℓ、呼吸数は35回/分、毎分換気量は100〜110ℓ/分に達する。最大吸気後に吐き出すことができる空気の最大量は**肺活量**（vital capacity）と呼ばれる。その人の肺活量の50%を超える1回換気量は、最大強度運動時でさえみられることはほとんどない。

　年齢とともに肺組織の弾性が低下し、呼吸筋の力が減少するため、最大毎分換気量も減少する。また、肺容量の大きさは1回換気量の大きさと相関することから、最大毎分換気量はその人の体格に依存する。一般的に、女性は男性より小さな肺容量であり、その結果1回換気量が

表1　一般成人の安静時と運動時における毎分換気量、呼吸数、1回換気量の比較

	毎分換気量 (ℓ/分)			1回換気量 (ℓ)			呼吸数 (回/分)		
	UT	MT	ET	UT	MT	ET	UT	MT	ET
安静時	6	6	6	0.5	0.5	0.5	12	12	12
最大下運動時	60	60	60	2.0	2.4	3.0	30	25	20
最大運動時	105	150	210	3.0	3.0	3.5	35	50	60

UT（untrained）：トレーニングをおこなっていない者
MT（moderately trained）：ある程度のトレーニングをおこなっている者
ET（endurance-trained）：持久的なトレーニングをおこなっている者
※最大下運動強度はUT、MT、ETとも同じである。これらの測定値には個人差があり、安静時の毎分換気量が同じでも、呼吸数は数回～20回/分まで人によって差がみられる。

少なく、毎分換気量も少なくなる。

　特殊な環境は、呼吸に影響を及ぼす。例えば、高地などの低酸素環境下では、その代償作用として毎分換気量を増加させることで、酸素摂取量が維持される。

2. 呼吸系に対するトレーニングの効果

　一般的に肺の大きさと肺活量は遺伝的に決定されていて、成人ではトレーニングによって影響を受けることはないと考えられている。一方、有酸素性トレーニングの効果として、呼吸筋（おもに横隔膜と肋間筋）はより強くなり、疲労しにくくなる。したがって、最大毎分換気量はトレーニングによって増加し、表1にもあるように、持久的トレーニングをおこなっている選手（ET）は、1回換気量が約3.5ℓ、呼吸数が約60回/分、最大毎分換気量は200ℓ/分を超える。実際に、一流ボート選手においては、240ℓ/分を超える毎分換気量が計測されている。

　有酸素トレーニングによる最大運動時の毎分換気量の増加は、おもに呼吸数の上昇によるもので、1回換気量は大きく変化していない。このことは、トレーニングそのものは実際には呼吸系に強く影響を及ぼしていないとも考えられる。なぜなら、ほとんどの人は高強度の運動中でも、1回換気量と呼吸数を最大限まで利用していないからである。つまり、通常、呼吸系は全身の酸素摂取量の制限因子にならないが、よりトレーニングされたアスリートにおいては呼吸系の能力差がパフォーマンスの決定要因になるのかもしれない。

　有酸素性トレーニング（自転車運動）によるトレーニング前とトレーニング後の変化を比較

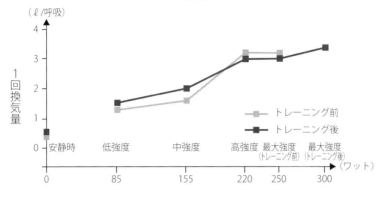

1回換気量

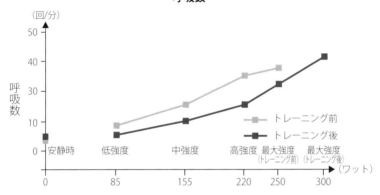

呼吸数

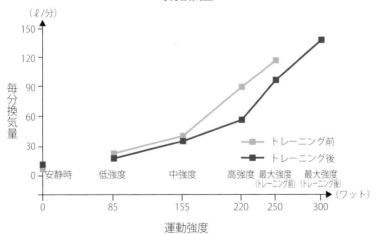

毎分換気量

運動強度

図4　運動強度と呼吸反応に対するトレーニングの効果

ある一定期間のトレーニングの前後における、安静時とさまざまな強度での自転車運動中の1回換気量、呼吸数、毎分換気量の変化。

したものが**図4**である。ある一定期間の有酸素性トレーニングでは、低強度の運動中の毎分換気量は変化しないが、**最大下運動**（sub-maximal exercise：最大酸素摂取量強度以下の運動）においては、トレーニング前後で同じ運動をおこなった場合、毎分換気量は低下し、より少ない換気量で運動ができるように変化することを示している。

◆要約と学習課題

要約

　呼吸系は大気から血液への酸素の移動および、血液から大気への二酸化炭素の排出を担っている。運動中、1回換気量（呼吸の深さ）と呼吸数（1分間の呼吸回数）の増加によって毎分換気量は増加する。強度の高い運動中には、毎分換気量は100ℓ/分を超えることがある。トレーニングは最大毎分換気量を増加させ、一流選手では200ℓ/分の値を超えることがある。

復習問題

1. トレーニングをおこなっていない者における、安静時および中程度の運動中、また最大運動中の毎分換気量は一般的にどの程度の値か？　また、持久的なトレーニングをおこなっている者ではどの程度の値か？
2. 最大運動中の呼吸数と1回換気量の大きさはどの程度の値か？
3. 肺活量とは何か？
4. 最大毎分換気量に対するトレーニングの効果を説明しなさい。

計算問題

　ある女性が2つの最大下運動強度での速度と、最大酸素摂取量強度の速度でトレッドミル走をおこない、次の値を示した。

走行速度（km/時）	9	12	14 （最大酸素摂取量強度）
呼吸数(回/分)	20		35
1回換気量(ℓ/呼吸)	1.6	2.2	
毎分換気量(ℓ/分)		66	88.2

1. 表の欠けている数値を記入しなさい。また、表の走速度に対する呼吸数、1回換気量、毎分換気量の関係からグラフを作成させなさい（走速度をx軸、他の項目をy軸とする）。

2. 3ヶ月間の有酸素性トレーニングを実施したあとに、彼女が再び同じテストを受けた。予測される各項目の値を記入し、新しい表を完成させなさい。

第2章 心臓血管系

The cardiovascular system

　心臓血管系は、心臓と血管、そしてそれらの中を流れる血液から構成され、おもに全身の各臓器や組織の細胞へ、あるいは細胞からさまざまな物質を運搬する。例えば、

- 酸素と二酸化炭素の肺と細胞間の移動
- 栄養素、塩分、ビタミンの腸から細胞への移動
- 産生された乳酸やグルコースの組織から別の組織や器官（肝臓と腎臓など）への移動
- 細胞から排泄する老廃物の腎臓への移動、および解毒するための毒素の肝臓への移動
- ホルモン（化学的伝達物質）の産生された器官から作用する器官の細胞への移動（例えば、膵臓で産生されたインスリンは細胞でのグルコースの取り込みを促進）
- 細胞の代謝によって発生した熱、あるいは体内に吸収された熱を体外に放出するための皮膚への移動

この章では心臓と血管について解説し、血液については第3章で解説する。

1. 心臓血管系の構造と機能

　心臓血管系は、**図5**に示すように、血液が流れる2つの管状の循環機構、すなわち**肺循環**（小循環：small circuit）と**体循環**（大循環：large circuit）が連結したものと考えることができる。肺循環は、心臓から送り出された血液が肺を経由して心臓に戻ってくる循環であり、体循環は心臓から送り出された血液が各組織を経由して心臓に戻ってくる循環である。肺循環は体循環に比べて規模は小さい。この2つの循環機構は、中心のポンプの役割を担う心臓によって相互に接続されいる。心臓は筋の厚い壁で左右に区切られており、左右のそれぞれは、心臓に戻ってきた血液を受け取る**心房**（atrium）と、心臓から血液を肺や全身に送り出すために筋が発達した**心室**（ventricle）に分かれている。右心室は肺に血液を送り出す役割を担い、左心室は全身に血液を送り出す役割を担っている。心臓から血液を送り出している血管を**動脈**

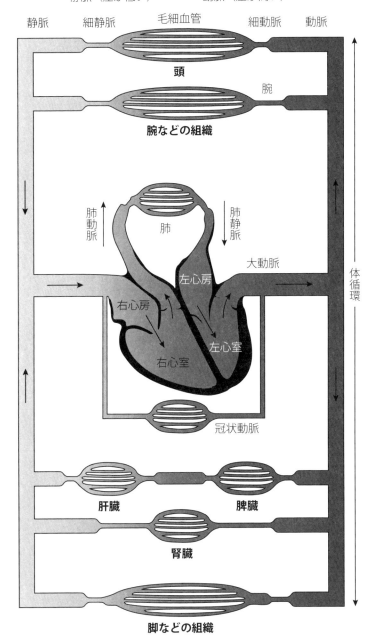

図5 心臓血管系の肺循環と体循環

肺循環に向けて心臓の右心室から送り出された血液は、肺に取り込まれた空気よりも酸素濃度が低く二酸化炭素濃度が高いので、肺において二酸化炭素を放出し酸素を吸収する。肺で酸素が補充された血液は、心臓の左心房に戻り、左心室から全身の器官と組織へと送り出される（体循環）。全身の器官と組織において酸素を放出し二酸化炭素を吸収した血液は、静脈を通って心臓（右心房）に戻ってくる。

（arteries）といい、心臓に血液を戻している血管を**静脈**（veins）という。左心室から送り出された血液は**大動脈**（aorta）を通り、より小さな動脈に枝分かれして流れていく。

　図6に示すように、動脈は細く枝分かれして**細動脈**（arterioles）になり、さらに壁の薄い微細な**毛細血管**（capillaries）に分かれる。酸素、二酸化炭素、栄養素およびその他の物質は、組織や器官と体細胞の中にある毛細血管網（毛細血管床）の血液との間で交換される。毛細血管の壁は細胞たった1個分の厚さしかないため、この物質交換は効率よくおこなわれる。一方、毛細血管から心臓に戻る血液は細い**細静脈**（venules）を通り、より大きく太い静脈につながる。下半身と上半身からそれぞれ、血液を運ぶ2つの太い静脈が心臓の右心房に達する直前で連結している。

　組織から心臓に戻ってきた血液は、心臓から送り出される動脈血よりも、酸素濃度が低く、二酸化炭素濃度は高い。これは、全身の器官や組織における細胞代謝（細胞内の生化学反応）によるものであり、そこでは酸素が利用されると同時に二酸化炭素が発生するからである。その後、心臓に戻ってきた血液は肺循環により肺に送り出され、そこで二酸化炭素を放出し酸素を吸収する。こうして酸素が補充された血液は、心臓の左心房に戻ってきて再び体循環を通して組織へ送り出される。また、心臓自身は周りを取り囲んでいる**冠動脈**（coronary arteries）を通して血液の供給を受けており、心静脈は右心房に流れ込む静脈と合流している。

　心臓が1分間に送り出している血液量のことを**心拍出量**（cardiac output）という。心拍出量は、心臓の1回の収縮によって送り出される血液量である**1回拍出量**（stroke volume）と、1分間の心臓の拍動回数である**心拍数**（heart rate）[*1]の2つの変数によって決まり、下記の

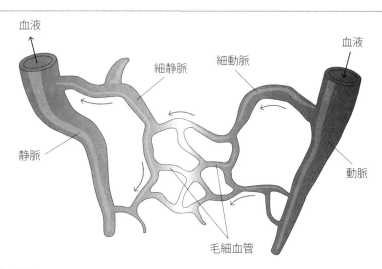

図6　血管系の構造
血液は、動脈から徐々に細くなる細動脈を通して全身の組織に運ばれる。組織には最も細い毛細血管網がある。そして、血液は組織から細静脈と静脈を通じて心臓に戻る。

*1．脈拍は、しばしば心拍数と同義語として使われている。しかしながら、正確には、心臓のポンプ機能により動脈でみられる圧の変化の回数が脈拍である。

式で求めることができる。

$$心拍出量（\ell/分）＝1回拍出量（\ell/回）×心拍数（拍/分）$$

心拍出量は身体の大きさに影響を受ける。背の高い人は背の低い人より大きな心臓（特に容量）を持っており、そのためにより多くの血液量を送り出す、すなわちより大きな1回拍出量を持つ。また、静脈から心臓に戻ってくる血液量は1回拍出量に大きく影響を受ける。女性の心臓は、一般的に男性の心臓より小さく、全血液量も大抵は男性より少ない。そのため、女性は最大1回拍出量もより少なく、結果的に最大心拍出量も少ない。心臓の収縮機能は、1回拍出量と心拍出量にも影響する。おもに最大心拍数は加齢とともに減少するため、最大心拍出量も加齢に応じて減少する。さらに、心臓の収縮機能と全身の血液量も減少するため、1回拍出量もまた加齢によって若干減少する。

2. 運動に対する心臓血管系の反応

運動は、心臓機能に対して顕著に影響を及ぼすことが知られている。ここでは、心臓血管系に関わるいくつかの項目に対して、運動がどのように影響するかについて解説する。

❶心拍出量
表2は、一般成人の安静時と運動時における心拍出量、1回拍出量、および心拍数を示している。安静時の心拍出量は約5ℓ/分であり、1回拍出量は約85$m\ell$、心拍数は約60拍/分である。

表2　一般成人の安静時と運動時における心拍出量、1回拍出量、および心拍数の比較

	心拍出量（ℓ/分）			1回拍出量（$m\ell$）			心拍数（拍/分）		
	UT	MT	ET	UT	MT	ET	UT	MT	ET
安静時	4.8	4.8	4.8	75	88	120	65	55	40
最大下運動時	15.0	15.0	15.0	100	110	150	150	138	100
最大運動時	21.4	25.4	36.1	110	130	190	195	195	190

UT（untrained）：トレーニングをおこなっていない者
MT（moderately trained）：ある程度のトレーニングをおこなっている者
ET（endurance-trained）：持久的なトレーニングをおこなっている者

この5ℓという数値は、心臓血管系をめぐる全血液量とほぼ一致する値である。したがって、血液の大部分を占める赤血球細胞は1分間に1回は心臓を通過することになる。

図7は、心臓血管系の反応に対するトレーニング効果を示している。運動時は収縮する筋が酸素を必要としており、その酸素需要に応えるために、1回拍出量と心拍数の増加によって心拍出量を増大させている（表2参照）。心拍出量の増大は、その他自律神経系（図57、p.107参照）の交感神経の活性化によっても調整されている。心拍出量は運動強度の上昇とともに直線的に増加し、最大運動時には安静時の4～6倍となり、最大心拍出量は20～30ℓ/分にも達する。

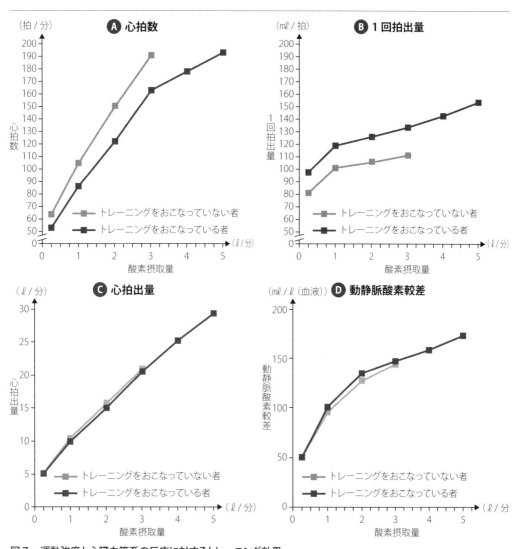

図7　運動強度と心臓血管系の反応に対するトレーニング効果
トレーニングをおこなっていない者（untrained）、ある程度のトレーニングをおこなっている者（moderately trained）の安静時と自転車運動中の心拍数（A）、1回拍出量（B）、心拍出量（C）、動静脈酸素較差（D）を示している。

❷ 1 回拍出量

　約50%最大酸素摂取量強度までは、1回拍出量は運動強度の増加とともに増加する。しかし、それよりも高い運動強度になると、1回拍出量の増加割合は小さくなる（図7参照）。最大運動時には、拍動が速くなることで心臓の弛緩時間（心臓拡張期）が短すぎて、心臓の容量が最大に満たされないため、1回拍出量は落ち込む場合もある。しかしながら、持久的によくトレーニングされたアスリートにおいては、最大酸素摂取量強度に近いところまで、1回拍出量は運動強度の増加とともに上昇し続ける。

❸ 心拍数

　心拍数もまた安静時の60〜70拍/分から最大強度での運動時の約200拍/分まで、運動強度の増加に伴って上昇する。運動開始の時点から心拍数は徐々にしか上昇せず、それは運動強度が急に増加しても同様である。なぜなら、心臓は変化した状況に反応するのに少し時間がかかるためである。図8は、ある一定強度の運動中の心拍数上昇に対するトレーニング効果を示している。心拍数が一定のレベルで安定するまでには、同じ強度の運動を2〜3分間は維持しなければならない。

　個人によって最大心拍数は著しく異なり、ある研究では、16〜19歳の年齢の最大心拍数は180〜230拍/分の範囲で個人差があることを報告している。一般的に最大心拍数は、年齢とともに減少する。したがって、高齢者は若者よりも、より低い心拍数でトレーニングするべきである。最大心拍数はおおよそ「220 − 年齢」（拍/分）であるといわれているが、一方で同じ年

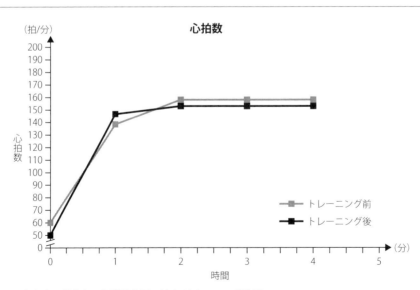

図8　ある一定強度の運動中の心拍数上昇に対するトレーニング効果
一定期間のトレーニング前では、心拍数が運動強度に対して定常状態になるまでに2分ほどかかる。トレーニング後は、定常状態に達する時間と定常状態での心拍数が減少している。

齢でも最大心拍数の個人差は大きいということからすると、この計算式は非常に大雑把である。したがって、トレーニング強度を適切に把握するためには、その人の最大心拍数の測定は不可欠である。例えば、最大心拍数が180拍/分の人が160拍/分で運動することは、最大心拍数の89%で運動することになり、非常にストレスがかかる運動強度になる。一方、最大心拍数が220拍/分の人が同じ心拍数（160拍/分）で運動すると最大心拍数の73%での運動となり、それほどストレスのない運動強度となってしまう。

❹心拍出量の再分配

　図9は、運動中の心拍出量の分配とトレーニング効果を示している。安静状態から運動を開始すると、心拍出量の増加とともに血流の再分配が起こる。心臓のポンプ能力には限界があり、運動中においては身体すべての器官と組織に十分な血液を供給することができなくなる。したがって、運動中は肝臓や腎臓など、いくつかの器官への血流が制限される。これらの器官は運動終了後、安静時に必要な血流分配よりも高い割合で分配を受けるため、運動時における血流の一時的な減少に耐えることができる。運動中、血液のほとんどは、最も要求が高い部位、すなわち筋に対して分配される。また、筋の収縮によって発生した熱を放出するため、皮膚への

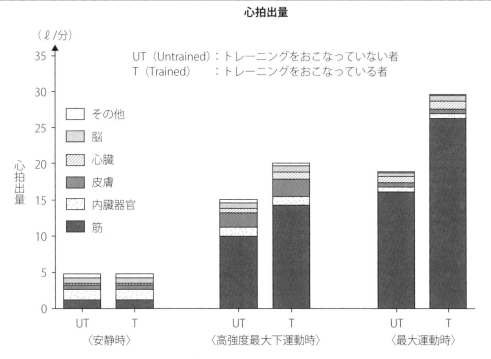

図9　運動中の心拍出量の分配とトレーニング効果
「安静時と運動時」、「高強度の最大下運動時と最大運動時」の比較における血流分配の違いに着目してほしい。後者の比較では、体内の各器官と皮膚への血流が最小化されている。また、トレーニングをおこなっている者はトレーニングをおこなっていない者と比較して、最大心拍出量がより高く、また活動している筋により多くの血流配分がなされていることがわかる。

血流も著しく増加する。

　血流の再分配は、血管の抵抗性が変化することによって調整される。この抵抗性の変化は、血管壁の**平滑筋細胞**（smooth muscle cell）の弛緩と収縮によって引き起こされる。この平滑筋細胞は自律神経系によって制御されていて（p.107参照）、運動中は交感神経系の活性化が平滑筋細胞の収縮を促進させ、血管の直径を狭くしている。このような一部の器官や組織への血流の減少は、大きな筋群が活動しているときに平均血圧が低下しないようにするためだと考えられている。一方、活動している筋では、酸化窒素やアデノシンなどの物質が放出されることで、平滑筋細胞が弛緩する。これにより血管の直径が拡がり、より多くの血液が筋に送られるように調整される。

　心臓血管系は、脳と心臓に常に十分な血液を供給しなければならない。なぜなら、脳と心臓はたとえ短時間であっても、酸素が供給されないと永久的な損傷を受けることになるからである。すべての脳神経細胞が必要とする有酸素性過程でのエネルギーの生成には酸素が不可欠であり、通常、脳への血液の供給が30〜40秒間途絶えると意識不明に陥る。脳と同様に、心筋も無酸素性過程でエネルギーを生成することはできない。そのため、心臓は有酸素性過程でのエネルギー生成のための酸素要求量が多く、安静時さえ体外から取り込まれた酸素の70%以上を使用している。それに比べ、安静時の体内の全器官と組織を通過したあとの血液中の酸素レベルは約30%減少するだけである。運動中は、心臓でのエネルギー需要の増加に伴って心筋に運搬される血液量も増加する。

❺血圧

　血管内の圧力を表わす血圧は、心臓がポンプのように拡張と収縮を周期的に繰り返すことによって、連続的に変化する。血液が充満して心臓が拡張しているとき（拡張期）の血圧は**拡張期血圧**（diastolic pressure）と呼ばれ、血圧は最も低いレベルになる。また、心臓が収縮しているとき（収縮期）の血圧は**収縮期血圧**（systolic pressure）と呼ばれ、血圧は最も高いレベルとなる。

　図10のように、安静時の一般的な拡張期血圧[*2]は約80mmHg、収縮期血圧は約120mmHgである。運動中には、交感神経系の働きがより活発になり、それにより活性化していない器官と組織の末梢抵抗は増加する。それにもかかわらず全末梢抵抗が低下するのは、活動している筋の血管の直径が拡がるためである。しかしながら、心拍出量の上昇が末梢抵抗の低下を上回ると、運動中の血圧は上昇し、運動強度が高くなるほど血圧は高くなる。また、高強度の運動中には、拡張期血圧が100mmHg、収縮期血圧が240mmHg程度にまで上昇することもある。ちなみに平均血圧は、心拍出量と心臓血管系の全抵抗（全抹消抵抗）の掛け算で計算される。

$$血圧（mmHg）＝心拍出量（\ell/分）×全末梢抵抗（mmHg/\ell/分）$$

---

*2.　血圧は、もともと血圧の測定に使用されていた水銀血圧計の単位(mmHg:水銀柱ミリメートル)で表示される。

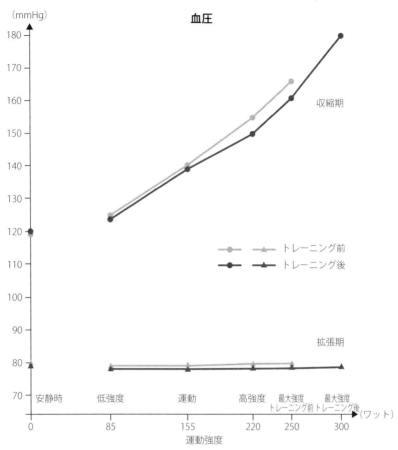

図10　一定期間の有酸素性トレーニング前後での収縮期および拡張期血圧の変化

一定期間の有酸素性トレーニング前後における、安静時、最大下運動中、最大運動中(ここでは最大酸素摂取量強度)の収縮期血圧(丸印)と拡張期血圧(三角印)が示されている。収縮期血圧は運動強度の増加に伴い著しく上昇し、拡張期血圧の変化はわずかである。つまり、トレーニングは高強度運動での収縮期血圧に大きく影響する。

3. 心臓血管系に対するトレーニング効果

　有酸素性トレーニングは心臓容積、心筋の収縮性、全血液量を増加させる。これらの変化は、より効果的に心臓内に血液を充満させることができ、結果的に最大1回拍出量と最大心拍出量を増加させる（図7参照）。実際に、長期にわたり高強度でトレーニングされたアスリートは、200 mlを超える1回拍出量と42 ℓ/分の心拍出量を持つまでになる。有酸素性トレーニングによって増加した1回拍出量は心拍出量を増大させるが、最大心拍数は変化しないか、あるいはわずかに減少する場合がある（表2と図7）。最大心拍数の減少は、心臓拡張期における血液の充満時間を増加させて心拍出量を増やすことになるので、全身への血液分配の最適化に有利

に働くと考えられる。

　一般的に、安静時の心拍数は有酸素性トレーニングによって減少し、よくトレーニングされた人の安静時の心拍数はより少なく、1回拍出量はより多くなる。持久的によくトレーニングされたアスリートでは、28拍/分という低い心拍数と約170mℓもの1回拍出量が観察されることがある。より多い1回拍出量は、全身へ血液を送り出す際に心臓の拍動頻度が少なく済むことを意味する。この関係は、ある一定の心拍出量を必要とする最大下運動に対しても当てはまる。つまり、一定期間のトレーニング後に、トレーニング前と同じ最大下運動負荷中の心拍数はより少なくなり、1回拍出量はより多くなると予想される（表2と図7）。

　安静時心拍数と最大心拍数の差、すなわち安静時から最大運動時にかけての心拍数の上昇幅を**予備心拍数**（heart rate reserve）と呼ぶ。有酸素性トレーニングを実施したあとには、安静時の心拍数が低下し、最大心拍数は実質的に変化しないことから、結果として予備心拍数は増加する。

　運動終了後、心拍数は時間の経過とともに安静時のレベルに戻っていく。有酸素性トレーニングにより、運動後の心拍数はより早く安静時のレベルまで低下するようになる。したがって、運動終了後の心拍数の減少時間は、体力レベルの評価に応用できる。例えば、トレーニング期間中のトレーニング効果は、運動直後と運動終了1分後の心拍数を計測することで評価できる。しかしながら、心拍数の回復には体力レベルだけでなく他の要因も影響する。例えば、高い気温や高地における低い大気酸素圧は、運動後の心拍数低下を遅延させる要因となる。

　一定期間の有酸素性トレーニングをおこなったあとでは、最大下運動時における血圧の変化はそれほど大きくは現れない。しかしながら、トレーニングによる心拍出量の増加によって、最大運動時での血圧は増加することになる（図10参照）。

◆要約と学習課題

要約

　運動中は、心拍数と1回拍出量の両方が増加するため心拍出量が増加し、また収縮している筋への血流量を増やすために血流が再分配される。一定期間の有酸素性トレーニング後に見られる1回拍出量の増加は、トレーニング前と同じ強度における最大下運動中の心拍数を減少させ、最大強度での運動中の最大心拍出量を増加させる。また有酸素性トレーニングは、運動後の安静時心拍数への回復を早める効果がある。

復習問題

1. 心拍出量とは何か？どのように計算するか？また、運動強度によって心拍出量はどのように変化するか？
2. 安静時および最大運動時の平均心拍数はどのくらいか？
3. 安静時および最大運動時の平均1回拍出量はどのくらいか？
4. 運動中に血流はどのように再分配されるか？

	安静時	100W運動時	200W運動時	最大運動時
心拍数（拍/分）	60	150	180	200
1回拍出量（mℓ/分）	90		120	
心拍出量（ℓ/分）		15		24

計算問題

1. 最大下運動中に心拍数が140拍/分、1回拍出量が100mℓの人の心拍出量の値はいくつか？2ヶ月の有酸素性トレーニング後に、これらの値はどのように変化するか？
2. 3ヶ月の有酸素性トレーニング期間前に、自転車エルゴメータで計測された値を下表に示す。

（A）

・各項目の単位を記載しなさい。
・表の空欄を埋めて完成させなさい。
・運動強度と心拍数、1回拍出量、心拍出量の関係をグラフに示しなさい。x軸に運動強度、y軸にその他の変数を示すこと。

（B）

トレーニング期間後に同じテストをおこない、次の数値が記録された。欠けている数値を計算するか、あるいは適正に推定しなさい。

	安静時	100W運動時	200W運動時	最大運動時
心拍数（拍/分）	54		160	
1回拍出量（mℓ/分）		120		
心拍出量（ℓ/分）				28

第**3**章 血液

　血液は心臓循環系の輸送媒体と考えられる。成人の血液量は約 5〜6 ℓ であり、身体のサイズ、性別、年齢によってその量は異なる。身長の低い人や女性、年配者の血液量は、身長の高い人や男性、また若者と比べて一般的に少ない。

1. 血液の組成

　図11に示すように、血液は、固形成分である**血球**（blood cell）と、さまざまな化学物質を含む液体成分である**血漿**（plasma）から構成されている。血球とは血液細胞のことであり、**赤血球**（red blood cell）、**白血球**（white blood cell）、**血小板**（platelets）という 3 つの異なるタイプが存在する。血漿は成人男性で血液量の約55〜60%を占め、その約90%は水であり、淡黄色をしている。栄養素、ホルモン、乳酸などのさまざまな物質は、血漿を通して全身の細胞間を移動する。

　全血液量のうち、赤血球の占める割合を**ヘマトクリット値**（hematocrit）と呼ぶ。ヘマトクリット値は、男性では40〜45%であり、大抵の場合、女性は男性より低く、38〜42%である。ヘマトクリット値は、細いガラス管に集めた血液サンプルを遠心分離して測定することができる。赤血球を含む固形成分は、液体成分の血漿よりも重いことから、遠心分離によりガラス管の底部に沈殿する。固形成分のほとんどは赤血球であることから、この沈殿物の割合からヘマトクリット値が計算できる。もし、血液中の血漿量の割合に変化があった場合、ヘマトクリット値は一時的に変化する。例えば、多量の水を摂取した場合には、血漿成分が増加し、ヘマトクリット値は低下する。逆に運動時には、発汗による体液の損失や筋への水分の移動により、血漿量が減少し、ヘマトクリット値は上昇する。ヘマトクリット値の上昇は血液の粘性を高めることから、心臓に対して血液を血管に押し流すための負担を増加させることになる。

　白血球は、骨髄やリンパ節、扁桃腺などのリンパ組織で作り出される。白血球は免疫システ

ムの一部であり、バクテリアやウイルスなどの異物から生体を防御する役割を担う。血小板もまた骨髄で作り出され、脾臓に蓄えられる。血小板のおもな機能は、血液の凝固を助けることである。

　赤血球もまた骨髄で作り出され、血球の大多数（約99％）を占める。赤血球のおもな機能は、肺から全身の細胞にくまなく酸素を運搬するいっぽう、二酸化炭素を全身の細胞から肺へ戻すことである。ほとんどの酸素と二酸化炭素は、化学的に赤血球と結合する。血液が赤色を示すのは、鉄分を含有するタンパク質である**ヘモグロビン**（hemoglobin）が赤血球中に豊富に存在するためである。ヘモグロビンは酸素と結合することができ、肺では1分子のヘモグロビン

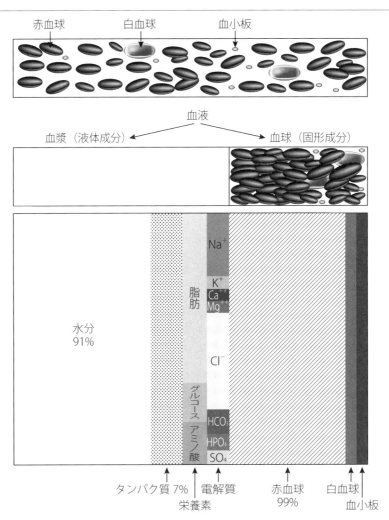

図11　血液の組成
血液は、液体成分（血漿）と細胞などの固形成分（血球）により構成されている。血球には、赤血球細胞、白血球細胞と血小板があり、いずれも血漿中に浮遊している。

24

が4つの酸素分子と結合し、ヘモグロビン（Hb）は酸化ヘモグロビン（Hb（O$_2$）$_4$）に変換される。

$$Hb + 4O_2 \rightarrow Hb（O_2）_4$$

　酸素はヘモグロビンと緩く結合しているため、酸素濃度が低い組織では容易に遊離される。また、ヘモグロビン濃度が通常よりも低い状態（例えば貧血状態）では、血液の酸素結合能力は低下し、逆にヘモグロビン濃度が高い状態では酸素結合能力が高まる。通常のヘモグロビン濃度は、男性で14～15g/100mℓ、女性で13～14g/100mℓであり、ヘモグロビンの酸素結合能力は一般的に女性のほうが男性に比べて低い。1gのヘモグロビンは1.34mℓの酸素と結合することから、男性では血液1ℓ（または全血液量5ℓの20%）当たり、約200mℓの酸素を運搬していることになる（1.34mℓ×15g/100mℓ×1000mℓ = 201mℓ）。

2. トレーニングが血液量および血液組成に及ぼす影響

　ヘモグロビン濃度（Hb/ℓ）とヘマトクリット値は、血液中の酸素結合能力を示す指標である。表3は、トレーニングの実施の有無と血液組成の関係を示している。一般的には、一定期間の有酸素性トレーニングをおこなってもヘモグロビン濃度とヘマトクリット値は変化しないが、血液量は増加する。つまり、ヘモグロビンの総量は増えることになり、結果として酸素結合能力も増大する。高いレベルで持久的トレーニングをおこなっている者は、トレーニングをおこなっていない者と比べてヘモグロビンの総量が多いにもかかわらず、ヘモグロビン濃度は低いという報告がある。これは、一定期間の有酸素性トレーニングがヘモグロビンの量よりも血漿量をより多く増加させるためである。トレーニングに伴うヘモグロビン濃度の低下とヘマトクリット値の低下は、おそらく血管粘性の減少に有利に働き（血液をサラサラにする）、心臓にかかる負担を軽減すると考えられる。ランニングによる足底への衝撃により赤血球が破壊される現象は、よくトレーニングされた選手にみられる低いヘマトクリット値の原因かもしれない。陸上

表3　トレーニングの実施の有無と血液組成

トレーニングレベル	全血液量 (ℓ)	血漿量 (ℓ)	血球成分量 (ℓ)	ヘマトクリット値 (%)
トレーニングをおこなっていない者	5.2	2.9	2.3	44.2
ある程度トレーニングをおこなっている者	5.8	3.3	2.5	43.1
持久的トレーニングをおこなっている者	7.0	4.0	3.0	42.9

長距離を専門とする選手は、心臓血管系から足底部に赤血球がより頻繁に流れ込むことで赤血球が破壊される機会が多くなり、結果として骨髄での赤血球の産生量よりも赤血球の破壊量の方が上回ってしまうのかもしれない。

3. 血液の酸素結合能力の向上

血液の酸素結合能力は、動脈中の酸素量や最大酸素摂取量の増大など、いくつかの要因によって向上する。その結果、特に持久系のスポーツ種目のパフォーマンスが改善される。

❶高地滞在の影響

高地環境に滞在すると、身体活動の有無に関係なく、ヘモグロビン濃度とヘマトクリット値が上昇する。高地環境は酸素濃度が低く、体内の細胞で利用できる酸素が少なくなってしまうため、その代償作用として、身体は赤血球を増加させる。海抜2000m以上の高地に滞在すると、赤血球の産生を増大させるホルモンである**エリスロポエチン**（EPO：erythropoietin）の産生がより促進される。EPOは元来、腎臓で産生され、肝臓での補助的な産生過程を経て、骨髄における赤血球の産生を調節している。血液中の酸素濃度が低い場合（すなわち高地における低酸素濃度の状態）、腎臓はより多くのEPOを分泌し、骨髄での赤血球産生を促進する。これが、**図12**にも示すように、酸素濃度が低い高地環境下において、血液中のヘモグロビン濃度、つまり酸素濃度を上昇させるメカニズムである。

高地に滞在した場合、平地でのトレーニングによる変化と比較して、滞在初期の段階でヘマトクリット値が有意に上昇するという効果がある。これは、赤血球の産生が促進される一方、血漿量は赤血球と同じレベルでは増加しないため、血液における赤血球数の割合であるヘマトクリット値が結果として高くなるためである。その後も高地に滞在を続けると、赤血球数とともに総血液量も徐々に増加していき、完全に順化するまで（約1ヶ月）ヘマトクリット値はさらに上昇する。高地から平地に戻った際には、2〜3日後に血漿量が急激に増加することから、

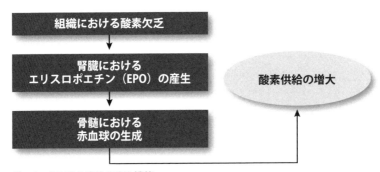

図12　エリスロポエチン（EPO）の産生過程と機能

赤血球数に大きな減少がみられなくても、ヘマトクリット値は通常の状態（すなわち45%以下）まで低下する。

　高地滞在は生理学的にみても効果があるため、高地環境におけるトレーニング（高地トレーニング）は、国際的なレベルでも広く用いられている。特に持久力が求められるスポーツ種目においては、競技会が高地でおこなわれるときだけでなく、平地でおこなわれる際にもよく利用されている。伝統的には、標高が中程度の場所（海抜2000m付近）に2〜4週間滞在してトレーニングをおこなうことで、高地での持久的運動パフォーマンスが向上すると考えられていたが、一方で、標高が中程度の場所に滞在したトレーニングでは（平地でのトレーニングと比較しても）、持久的運動パフォーマンスおよび最大酸素摂取量については改善が見られないとする研究報告も多い。したがって、平地での持久的運動パフォーマンスに対する高地トレーニングの科学的根拠は、完全には解明されていないのが現状である。しかしながら、数は少ないものの、高地トレーニングは平地での運動パフォーマンス向上に効果があるとする研究結果も報告されている。

　高地環境では酸素濃度が低いことから、平地と比べてトレーニング量は少なくなる。また、さらに深刻なのはトレーニング強度が低くなってしまうことである。それゆえ、日常生活は高地に滞在して送り、トレーニングは適度な標高（海抜1200m以下）でおこなう（Live high-train low）、といったやり方を選択するアスリートもいる。この方法はいくつかの利点をもたらすが、適した場所の選定やトレーニングをおこなう場所への移動など、実際に運用していくには相当の管理能力が必要となる。そこで、高地でなくとも高地滞在の効果を得られる、**低酸素室**（altitude houses）が世界中で考案された。低酸素室は、室内の環境条件を高地の酸素濃度（低酸素濃度）に設定することができるため、選手たちはトレーニング以外の日常生活をこれらの施設内で過ごすことが可能となる。**図13**からは、低酸素室生活をおこなうことによっ

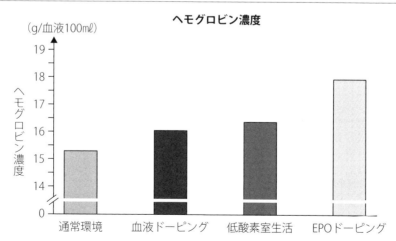

図13　血中ヘモグロビン濃度に対する、血液ドーピング、低酸素室生活とEPOドーピングの効果
低酸素室生活では海抜2500m相当の酸素濃度（空気中の酸素濃度15.3%）で14日間滞在した。

て、通常環境よりも血中ヘモグロビン濃度が上昇したことがわかる。また、低酸素室生活によって運動パフォーマンスが改善することも報告されている。

　低酸素室と同じコンセプトである「低酸素カプセル」も、さまざまな高地環境（海抜2000〜4000ｍ）をシミュレートすることが可能である。カプセルは小さい空間なので、選手はカプセル内で休息および睡眠をとることしかできない。したがって、カプセルを利用した低酸素環境への曝露時間は、低酸素室での滞在よりも短くなる。しかしながら、低酸素カプセルは持ち運びが可能なため、トレーニングキャンプの拠点など、さまざまな場所で使用できる利点がある。いずれのやり方も禁止されてはいないが、倫理的に、また公平性の観点からも議論の余地があるとされる。

❷血液ドーピングとEPOドーピング

　ドーピング（doping）は禁止薬物の摂取や注入によって運動パフォーマンスの向上をはかる行為であり、スポーツにかかわるすべての者はその領域に踏み込んではならないが、その前提に立って、知識としてのドーピングの方法と状況をここでは紹介する。

　血液の酸素結合能力を増加させる方法には、低酸素環境への曝露以外にもさまざまなものがあるが、ドーピングに抵触する方法のひとつに、ヘモグロビン濃度を上昇させることを意図した**血液ドーピング**（blood doping）がある。それは、対象となる選手の血液を採取し、遠心分離後、赤血球を数ヶ月間冷蔵保存し、その間、量的に通常のレベルにまで回復した選手の血液に、競技の数日前まで冷蔵しておいた選手自身の赤血球を再び注入する方法である。**図13**に示しているように、この方法を用いることによって、ヘモグロビン濃度は16〜17g/100mℓ（ヘマトクリット値は約50%まで）に上昇した。また同様に、ヘモグロビン濃度を上昇させる方法として、人工的に合成されたEPOの摂取による**EPOドーピング**（EPO doping）がある。図13からもわかるように、これには血液ドーピング以上の効果がある。本来、人工的なEPOは、腎臓でEPOが十分に産生できない患者の治療のためのものであるが、自転車運動のような持久系の運動種目においては数年にわたって広く不正に使用されてきた。EPO摂取により、ヘモグロビン濃度は18〜19g/100mℓ（ヘマトクリット値は50%以上）になる。

　図14は、EPO摂取前後での最大酸素摂取量の比較をしたものである。EPO摂取により上昇したヘモグロビン濃度は最大酸素摂取量を増やすことから、結果として持久的運動能力も向上する。ただし、血球成分が多くなることで血液粘性が増し、血管の抵抗が大きくなるため、心臓への負担は大きくなる。しかしながら、これらの最大心拍出量（つまりは最大酸素摂取量）に対するマイナス効果は、高いヘモグロビン濃度と最大55%まで高まったヘマトクリット値により相殺され、結果として、持久的能力に対してはプラスに影響する。それゆえ、最大酸素摂取量が結果に大きく影響する陸上長距離走や自転車ロードレースなどの持久系スポーツ種目において、EPOの摂取が効果を発揮するのである。

　1990年代、研究者たちは血液中の合成EPO、つまり外部から注入されたEPOの検出方法を確立できていなかった。しかしながら、EPO摂取による運動パフォーマンスの向上効果は明

らかであったため、**世界アンチ・ドーピング機構**（WADA）はヘマトクリット値の上限を提案した。この上限は、高いヘマトクリット値や血液の粘性が高まることによって発生する血栓のリスクから、選手たちを守るための提案でもある。WADAが設定した上限の数値は、EPO摂取をしていない選手の中で検出された最も高い数値を反映したものであるが、この数値については多くの議論の対象となっている。また、世界中の各スポーツ競技連盟は、それぞれ独自にヘマトクリット値の上限を設けており、例えば自転車運動では50%、クロスカントリースキーでは54%に設定している。しかし、1990年代より前、つまりEPOがドーピング薬物として使用され始めた年代より前の研究では、持久系スポーツアスリートのヘマトクリット値は46%以下と報告されていた。つまり、各スポーツ競技連盟で設定されている上限は、この数値よりも必要以上に高く設定されていることになる。各連盟はこの高い数値設定に対する理論的根拠として、山岳地域での生活者など、遺伝的に高いヘマトクリット値を持つアスリートを誤ってドーピング判定しないためだと主張している。

　EPO摂取による効果を得るためには、通常3週間程度の継続投与が必要とされている。また、選手の体内に注入された人工的なEPOは、選手が実際にEPOを利用している間と、そして最後の摂取から3〜4日後までしか検出できない。そのため、もし選手がドーピング検査を受けるのが主要な大会中だけであるならば、トレーニング中はEPO摂取を継続して大会の1週間

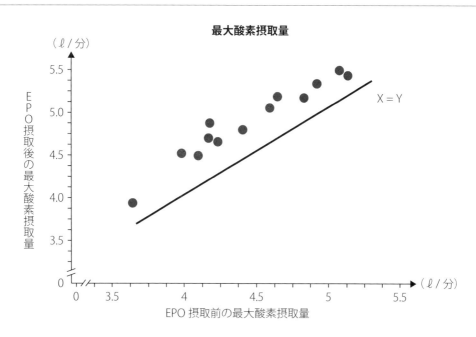

図14　EPO摂取前後での最大酸素摂取量の比較（相関図）
それぞれのアスリートの最大酸素摂取量をEPO摂取の前後でそれぞれ測定した。直線（X=Y）より上の値（●）は、EPO摂取後に最大酸素摂取量が増加していることを示している。最大酸素摂取量は10%上昇しているが、これは長距離走などの持久系スポーツのパフォーマンスが約5%上昇したと解釈できる。この変化は、ヘモグロビン濃度とヘマトクリット値の増加によるものと考えられる。

前に摂取をやめれば、ドーピング検査でEPOが検出されることなく、運動パフォーマンスに対する効果を得ることになる。それゆえ、現在ではEPOドーピングを減少させるため、１年を通して選手にいつでもドーピング検査をおこなえる体制がとられている。

　現在では、合成EPOは血液または尿検査によって検出できるようになった。赤血球数やヘマトクリット値でドーピングが疑われれば、その後尿サンプル分析をおこない、合成EPOが検出されるかどうかによってドーピング行為の有無が確認されている。

❸新たなドーピング方法

　前述したように、現在では人工的に合成されたEPOはある程度正確に検出することができるようになったが、EPOに代わる新たなドーピング薬物が次々に出現している。これらの薬物のうちのいくつかは、EPOと同様の作用を持ち、つまり、それらは血液の酸素運搬能力を増大させ、持久的運動能力を向上させる。ダルベポエチンは、NESP（ネスプ）と略されるEPOの類似化合物のうちのひとつであり、EPOよりもはるかに大きな効果があるため、より少ない頻度の摂取で済む。EPOが体内に３〜４日間しかとどまれないのに対し、ダルベポエチンは３〜５週間もの間、体内に残り、しかも、分子構造が天然のEPOと大きく異なるため、EPOよりも容易に追跡できる。ダルベポエチンは、2001年９月より医療目的でのみ取り扱われてきたが、2002年ソルトレーク冬季五輪において、３人のクロスカントリースキー選手がダルベポエチンによるドーピング違反とされた。

　牛の血から生成される、代用ヘモグロビンであるヘモピュアは、赤血球を含まないためヘマトクリット値の測定では検出されない。輸血用の血液のように備蓄する必要がなく、血液型にかかわらず使用できるため、血液提供を受けずに使用できる血液として近年、医療現場では知られるようになってきた。この特殊な化合物は、粉末として室温で３年間まで保存することができ、そのつど水に溶かして使用できる。しかしながら、現在のところ、ヘモピュアは動物実験用として承認されているだけで、その利用は広くいきわたっていない。運動パフォーマンスの向上を目的としたヘモピュアの使用はもちろんドーピングであるが、血液の粘性が増大しないことから、EPOの使用によって起こりうる血栓や心臓発作の発生リスクは抑えられる。EPOはパフォーマンスに効果を出すために数週間の投与を継続しなければならないが、ヘモピュアは競技開始の10分前の静脈注射によってすぐに効果が現れる。しかしながら、長期間のヘモピュア使用における副作用については、未だによくわかっていない。ヘモピュアの投与は、医療現場等における非常事態での使用を想定したものであり、ヒトとは異なるたんぱく質の継続的な注入は、異物に対するアレルギー反応を引き起こす可能性がある。また、ヘモピュアのような新種の化合物は、ヒトへの使用が許可される正式な薬物として登録されるまでは、正確な化学構造式は企業秘密であり、ヘモピュアに対して確立された検出テストをおこなうことは難しいのが現状である。

　科学の進歩により、ドーピングとの戦いは将来的にもっと難しくなるかもしれない。科学者たちはこの先５〜10年の間に、遺伝子を体内に直接注入するなどして筋量や持久的運動能力

を改変できる**遺伝子ドーピング**（genetic doping）の実現を予想している。当初の研究では、遺伝子ドーピングはEPOの産生に利用できると考えられていたが、すでに科学者たちは、EPOを産生する細胞を発現させる遺伝子のコピーを作り出すことを可能にしている。**図15**はその一例である。もし人工的な遺伝子が体内に取り入れられた場合、それらは遺伝子を複製できるようになると、自分自身の遺伝子を操作して、EPO産生に関わる細胞を直接刺激できるようになる。その結果、通常は数週間あるいは数年かけておこなわれるEPO産生が、たった1回の遺伝子投与で効果を生むようになり、さらに従来のEPO投与では効果は数週間単位しか継続しなかったものが、遺伝子ドーピングではより長期間効果が持続するようになる。効果が上がるうえに、遺伝子ドーピングは自分自身の細胞が"自然なEPOを産生するよう操作するため、ドーピングとして検出することはほぼ不可能である。この種のドーピングを検出するためには、筋などの組織を取りだす筋バイオプシーをおこなう必要があり、アスリートに対してこのようなドーピング検査を実施することは、現状では想像し難い。

　EPO産生を増加させる遺伝子療法は、すでに医療現場において用いられているが、研究者

通常のEPO産生

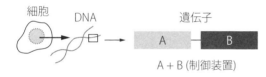

A＋B（制御装置）

腎臓細胞には、自然EPO産生のための遺伝子コードを含んだDNAが存在する。EPOは骨髄に運ばれ赤血球の産生を活性化する。遺伝子には2つの部位があり、部位AにはEPOを産生するコードが含まれており、部位Bは調整部位として、遺伝子の活動を調整し、EPO産生のタイミングと量を調整している。赤血球数が十分にある時には、この調整部位が遺伝子の活動を停止させている。

EPO産生の増大を目的とした遺伝子ドーピング技術

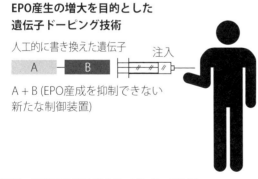

人工的に書き換えた遺伝子

注入

A＋B（EPO産成を抑制できない新たな制御装置）

人工的に修正したEPOを産生するために、まずヒトの赤血球を採取する。赤血球細胞にはEPO産生のための遺伝子コードが含まれており（部位A）、この機能はそのままにしておく。一方、細胞のEPO産生を調整する部位Bに対し、赤血球の産生を無制限にできるよう遺伝子組み換えをおこなう。この新しいEPO産生遺伝子が体内に注入され、骨髄に運ばれると、無制限に赤血球を産生できるようになる。

図15　遺伝子治療技術のドーピングへの乱用
EPOの自然産生過程（上）と、運動パフォーマンス向上のためのEPO産生量増加を目的とした遺伝子ドーピング技術（下）。

たちは安全な投与量をまだ把握できていない。サルを使っておこなわれた実験では、遺伝子組み換えした赤血球細胞の投与によりヘマトクリット値が70%まで上昇し、投与の6ヶ月後もまだ高い値を維持していた。ヘマトクリット値を許容範囲内で増加させることのできるpro-EPO遺伝子を正確に投与することが可能になれば、遺伝子ドーピングは実現されるかもしれない。また、遺伝子組み換えの技術は、筋量の増大が有利に働くウエイトリフティングなどの種目において、すでに不正使用されている。このタイプのドーピングの検出は大変困難であり、アスリートはこれらの薬物使用のリスクに関する教育をしっかりと受ける必要がある。

◆要約と学習課題

要約

　血液は、液体成分である血漿に赤血球や白血球などの血球が含まれて構成されており、酸素を運搬するヘモグロビンを含む赤血球が血球全体の約99%を占めている。ヘマトクリット値は全血液量に対して赤血球が占める割合であり、通常レベルは男性で40〜45%である。一定期間のトレーニングによって、血液中のヘマトクリット値やヘモグロビン濃度は変化しないが、血液量は増加するため血液の酸素運搬能力は向上する。ヘモグロビン濃度は高地滞在によって自然に上昇する。人工的かつ正当にヘモグロビン濃度とヘマトクリット値を上昇させる戦略として、酸素濃度を減少させた低酸素室での滞在や、低酸素カプセル内で睡眠する方法が挙げられる。一方、不正な手法は、血液ドーピング、EPOなどの薬物投与が挙げられ、いずれの方法も最大酸素摂取量を増大させることが知られている。

復習問題

1. 酸素は血液内でどのように運搬されるか？
2. ヘマトクリット値はどのように表わされるか？
3. 成人における血液量と血漿量の平均値はどのくらいか？
4. トレーニングは、血液量とヘモグロビン濃度にどのように影響を及ぼすか？
5. 血液中のヘモグロビン濃度は何によって変化するか？
6. 高地に滞在することにより、血液成分にどのような変化が生じるか？
7. EPOとは何か？どのような作用があるか？

第4章　酸素摂取量

体内で使われる酸素の量が**酸素摂取量**（oxygen uptake）である。

酸素摂取量（ℓ/分）＝ 1分間に体内に取り込まれる酸素の量（ℓ）

酸素摂取量は呼気と吸気の酸素濃度を分析することで測定でき（p.39〜40頁参照）、以下のように推定することができる。

酸素摂取量（$\dot{V}O_2$と表記：ℓ/分）＝ 心拍出量（ℓ(血液)/分）× 酸素抽出量（ℓ / ℓ (血液)）

この関係は**フィックの原理**（Fick Principle）と呼ばれる。つまり、酸素摂取量は心拍出量および、組織に送られる血液（すなわち動脈）と組織から戻ってくる血液（すなわち静脈）に含まれる酸素濃度の差から算出することができる。この差は**動静脈酸素較差**（A-VO$_2$ difference）または、血液から組織への**酸素抽出量**（oxygen extraction）と呼ばれ、組織で利用される血液1ℓ当たりの酸素量（ℓ / ℓ (血液)）を表わしている。激しい運動中でさえ、筋の細胞では動脈血に供給されたすべての酸素を取り込むことはなく、取り込まれなかった酸素は静脈に残る。動脈血中の酸素濃度は、強度の異なる多種多様な運動中であっても比較的一定に保たれているが、例外的に、十分にトレーニングされたアスリートが最大運動をおこなう際には、動脈血酸素濃度は低く維持されることがある。一方、筋における酸素消費によって静脈血酸素濃度は変化することから、運動強度が高いほど静脈血酸素濃度は低くなり、酸素抽出量が多くなる。

安静時の一般的な心拍出量は5ℓ(血液)/分で、酸素抽出量は0.05ℓ / ℓ (血液)であることから、酸素摂取量は約0.25ℓ/分となる。また、**図16**に示すように、運動中の酸素摂取量は運動強度が高まるにつれて増加する。さらには、心拍出量と酸素抽出量がともに増加すると、結果として酸素摂取量の増加を引き起こす（p.15、図7の**D**参照）。

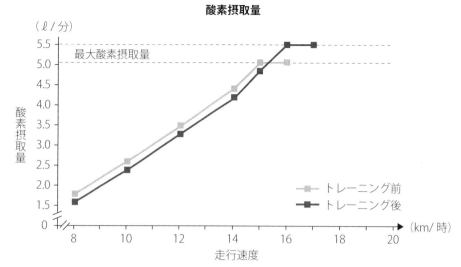

図16 一定期間の有酸素性トレーニングの実施前と実施後での走行速度と酸素摂取量の関係
ある程度のトレーニングをおこなっている男性が一定期間の有酸素性トレーニングをおこない、そのトレーニング期間の前後で酸素摂取量（トレッドミル走）を測定した。最大酸素摂取量の値は、トレーニング実施後のより速い走行速度で出現した（点線部）。

1. 最大有酸素性パワー

　最大有酸素性パワー（maximal aerobic power）は、体内で単位時間当たりに利用できる最大酸素量と定義される。つまり、1分当たりの**最大酸素摂取量**（maximal oxygen uptake）のことを表わし、「$\dot{V}O_2$ max」と表記される。健康な人の最大酸素摂取量は一般的に$2 \sim 6$ ℓ/分であるが、アスリートにおいては7.0 ℓ/分を超えるレベルが観察されることもある。最大酸素摂取量は性別、年齢、トレーニング状況、身長および体重の影響を受ける。他のすべての要因が同じであるとき、身長の高い人は低い人よりも高い最大酸素摂取量を有する。したがって、最大酸素摂取量はしばしば体重1 kg当たりで表わされる。すなわち、体重1 kgにつき1分間で取り込むことができる酸素摂取量（$m\ell$/分/kg）を表わしている。一方で、**図17**に示すように、人間の代謝量が体重の2/3乗や0.73乗に比例することから、その考え方を用いて（$m\ell$/分/kg$^{2/3}$や$m\ell$/分/kg$^{0.73}$の単位）、個人間での最大酸素摂取量を比較するスポーツ科学者やコーチもいる。

　単位体重あたりで示される最大酸素摂取量は、自身の体重負荷が関係するスポーツ種目においては、選手自身の身体（体重）を動かす能力を示している。例えば、中長距離ランナーでは、体重1 kgあたりの酸素摂取量が持久性能力の指標となる。しかしながら、自身の体重負荷があまり関係しないスポーツ種目では、単位時間当たりの最大酸素摂取量（ℓ/分）のほうがより密接にパフォーマンスに関連する。例えばボート競技においては、ボートと水の間の摩擦が

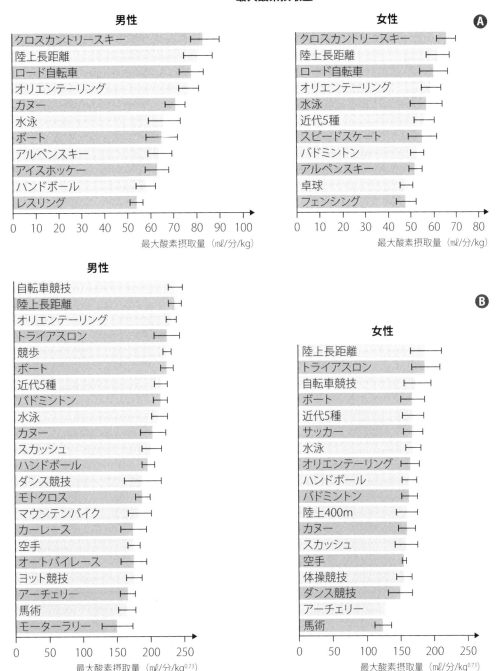

図17　さまざまなスポーツ種目における男女別の最大酸素摂取量

上段（A）は体重あたりの1分間の酸素摂取量、下段（B）は体重の0.73乗あたりの1分間の酸素摂取量を表わしている。
それぞれのスポーツ種目の右端の細線は、個人差の範囲を示している。

克服すべきおもな抵抗であり、こぎ手の体重はほとんど影響しないことから、多くの優秀なこぎ手は身長が高い。また、平らな地面での自転車競技は、風がおもな抵抗を生み出すことから、パフォーマンスは抵抗に影響を及ぼす乗り手の身体の大きさのみに依存してくる。したがって、ボート競技と同様に、より多くの最大酸素摂取量を有する背の高い自転車選手が、頻繁にタイムトライアルで勝利する。反対に、上り坂コースを走る自転車選手は自分自身の体重（および自転車の重量）を重力に逆らって上へ運ばなければならないため、パフォーマンスには体重当たりの最大酸素摂取量のほうが良い指標となり、実際に山を自転車で走る選手の多くは、身体のサイズが小さく、体重が軽い。したがって、ツール・ド・フランスのような複数のステージレースの総合勝者は、平らなコースと山の両方で勝らなければならないため、大抵背が高く細い選手である。

　一般的に女性は、男性よりも脂肪組織の割合が高く、全体の筋量が少ないうえに、心臓が小さく、そして血液量とヘモグロビン濃度が低いため、最大酸素摂取量は男性より約25%低い。このような違いは、思春期を過ぎると男性と比較して座ることが多くなるなどの、ライフスタイルの社会学的要因から説明できるかもしれない。

　最大酸素摂取量は、座ることがより多くなるなどのライフスタイルの変化と生物学的年齢の相乗効果によって、一般的に加齢とともに低下する。生物学的年齢が影響する要因は、最大心拍出量の低下を導く最大心拍数の低下である。子どもおよび標準的な生活スタイルの男性の平均最大酸素摂取量は40〜50ml/分/kg(体重)であるが、非活動的な25〜30歳の男性では、１歳年をとるごとに最大酸素摂取量は約１%ずつ低下するといわれている。つまり、トレーニングは加齢で生じる最大酸素摂取量の低下を遅らせ、さらには最大酸素摂取量を増加させる。これは、活動的な年配者は非活動的な若年者よりも、著しく高い最大酸素摂取量を有する可能性があることを示している。

　収縮している筋に供給される血液に含まれる酸素量、すなわち最大酸素摂取量は、心臓のポンプ能力によって制限されている。ある研究では、十分にトレーニングされた筋においては、酸素が0.33ℓ/分/kg(体重)まで使われることが示されている。仮に、心臓血管系が、すべての活動筋において同時に、酸素の利用能力を最大限発揮するのに必要な血液を供給できるとしたら、全身運動中の最大酸素摂取量はおよそ10ℓ/分にもなる。例えば、あるボート競技の選手(体重90kg、活動筋30kgと仮定)にこの数値を当てはめると、115ml/分/kg(体重)の最大酸素摂取量を示すことになり、これまでに測定された最も高い最大酸素摂取量を大幅に超えてしまう。実際には、活動筋量が十分に大きいランニングや自転車運動をおこなえば、最大酸素摂取量への到達は可能である。図18は、異なる筋群を使ったさまざまなタイプの運動時における最大酸素摂取量を比較したものである。すでに激しい運動をおこなっているときに、さらにより多くの筋を動員しても（例えばランニングや自転車運動に腕の運動も連動させるなど）、全身に必要な酸素摂取量はそれ以上増加しないことを示している。

　他方、酸素摂取量を効果的に増加させるには、心臓をめいっぱい稼働させるのに十分な筋量が動員されるトレーニングをおこなう必要がある。つまり、トレーニング効果を得るためには、

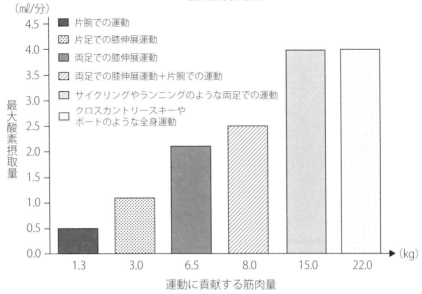

図18 異なる筋群を使ったさまざまなタイプの運動をおこなった際の最大酸素摂取量

被験者は数分で疲労困憊に至るよう、それぞれ指定の筋群のみを使って運動した。大きな筋群を利用した運動時のほうが、明らかに最大酸素摂取量は大きい結果となっているが、全身の筋を動員しなくても最大値に到達していることに注目。

最低限両足の運動が必要であり、トレーニングは60%最大酸素摂取量強度以上に設定するべきである。一般的に、ランニングや自転車運動など十分に強度が高いトレーニングによって、心臓血管系を有意に向上させることができる。反対に、少しの筋量しか利用しないトレーニングの場合、活動筋はわずかな酸素摂取量しか必要としないので、心臓血管系には著しいトレーニングの効果はみられない。

2. 心拍数と酸素摂取量の関係

　相対的運動強度（relative work intensity）は、最大酸素摂取量に対する実際の運動中の酸素摂取量の割合として定義される（表記は％最大酸素摂取量）。心拍数と酸素摂取量は、いずれも運動強度の上昇に比例して増加することから、相対的運動強度は心拍数を利用した以下の式から算出することが可能である（**表4**）。

　　相対的運動強度（％）
　　＝［（運動時心拍数－安静時心拍数）／（最大心拍数－安静時心拍数）］×100

表4 ％最大心拍数（心拍数の最大心拍数に対する割合）と％最大酸素摂取量（酸素摂取量の最大酸素摂取量に対する割合）との関係

％最大心拍数	％最大酸素摂取量
50	28
60	40
70	58
90	83
100	100

運動時心拍数とは、運動中の心拍数、安静時心拍数とは少なくとも10分間静かに横になった際の心拍数、そして最大心拍数は、疲労困憊に至る運動（2分以上続く運動）の終了時における心拍数である。例えば、安静時心拍数が50拍/分、最大心拍数が200拍/分の人の、心拍数が150拍/分になる運動の相対的運動強度（％）は、[（150−50）／（200−50）]×100＝66.7％となる。

3. 最大酸素摂取量の測定

　図19は、ある被験者の最大酸素摂取量を測定するためのプロトコル中の酸素摂取量と心拍数の変化を示したものである。最大酸素摂取量の測定に用いられる簡単なテスト方法（プロトコル）は、自転車エルゴメータを使用した漸増負荷運動である。これは、最初は低い運動負荷で4分間ウォーミングアップとしての運動をおこない、その後は被験者が疲労困憊に至るまで、1分ごとに運動負荷を増加させるという方法である。しかし実際には、酸素摂取量は疲労困憊に至るよりも前に最大値に達して平衡状態になるため、被験者は疲労困憊まで運動をする必要はない。最大酸素摂取量を測定するテストは、少なくとも4〜10分は運動を続けられる運動負荷に設定すべきである。

　別のプロトコルとして、トレッドミル走行により最大酸素摂取量を測定する方法がある。その場合、最初はトレッドミルの速度を徐々に上げることによって運動負荷を増加し、その後は傾斜を徐々に増大させることによって負荷を増加していく。このプロトコルによって正確な最大酸素摂取量を得るためには、テスト終了時までに最低3°の傾斜が必要であることが研究によって示されている。その理由としては、平坦な道を走るよりも傾斜のある道を走るときのほうが大腿部の筋が動員されることや、被験者の中には非常に速い速度で走ることが技術的に難しい人もいることが挙げられるだろう。

　これまで、酸素摂取量は一般的に、大きなプラスチック製の袋（ダグラスバッグ）の中に口

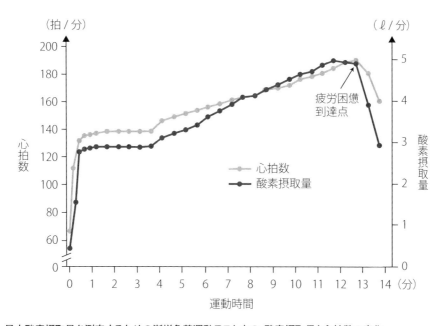

図19　最大酸素摂取量を測定するための漸増負荷運動テスト中の、酸素摂取量と心拍数の変化
被験者は最初に4分間200Wの強度で運動し、その後、被験者が疲労困憊に至るまで運動強度を1分ごとに35Wずつ増加させた。

から吐き出された空気（呼気）を集め、袋の中の酸素と二酸化炭素の濃度および量を測定することで算出されてきた。この測定方法においては、被験者は、空気の通り道を規制できる弁が装着された特殊なマスク（吸気は外気からのみ吸い込むことができ、呼気は使用前に空にした袋の中にのみ吐き出すことができる）を利用し、また、鼻から呼気が出るのを防ぐための鼻栓（ノーズクリップ）を装着して運動をおこない、漸増負荷運動テストの疲労困憊になる直前の一定の時間に集められた呼気から最大酸素摂取量の数値を評価した。異なる大気条件下でおこなったテストでも、測定された値を比較できるようにするため、袋の中の空気量は標準の状態（0℃：1大気圧：0％湿度）に統一された。そして、袋に集められた呼気サンプル中の酸素および二酸化炭素濃度（％）を測定し、吸気の酸素分率（F_IO_2）である20.95％との差と、時間あたりの換気量（吸気量または呼気量）から、体内に取り込まれた酸素摂取量（$\dot{V}O_2$）を以下の式から計算した。

$$\dot{V}O_2 = (\dot{V}_I \times F_IO_2) - (\dot{V}_E \times F_EO_2)$$

$\dot{V}_I$は吸気量であり、FIO_2は吸気中の酸素濃度、$\dot{V}_E$は呼気量、そしてF_EO_2は呼気中の酸素濃度である。F_IO_2の値は既知である20.95％で、$\dot{V}_E$とF_EO_2は袋の中で測定される。また、吸気量と呼気量の扱いについては、$\dot{V}_I = \dot{V}_E$と推定するか、あるいは$\dot{V}_I$を以下のように算出することも可能である。

$$\dot{V}^I = (1 - F_EO_2 - F_ECO_2) \times \dot{V}_E \diagup (1 - F_IO_2 - F_ICO_2)$$

F_ICO_2は吸気中（大気中）の二酸化炭素濃度である0.04%、F_ECO_2は呼気から測定される二酸化炭素濃度である。

　より精巧化された最新の装置では、被験者が測定用マスクを通して吐き出した空気を1呼吸ずつ、直接分析することにより、呼吸ごとの酸素摂取量の測定が可能となっている。呼気サンプルはチューブを通して直接分析機器に送り込まれ、換気量と酸素摂取量は即座に算出される。したがって、運動負荷テスト中、これらの呼吸に関する測定値をモニターでリアルタイムに容易に確認することができる。しかしながら、この測定装置は大変高価であるため、おもに科学的研究やエリートアスリートのテストのためにしか用いられていないのが現状である。

　例えば、ランニングまたは自転車運動時の酸素運搬効率を判定するために、科学者やトレーナーが選手の運動中の酸素摂取量を測定する場合、一般的にはダグラスバッグ法が用いられている。しかし、大きなプラスチック製の袋を背中に担いで運動しなければならないため、選手の通常の動きが妨げられる可能性がある。その場合のもう一つの選択肢として挙げられるのが、屋外でも使用できる精巧な酸素摂取量測定機器であるK4装置を用いることである。この最新システムは、重さ約800gの小さいボックス形状で、おもに腹部に装着して使用される。ボックスは鼻を覆う小さなマスクにつながれていて、酸素摂取量はオンラインで1呼吸ごとに測定され、運動中の蓄積データはボックスに保存される。この方法によって、選手の動作を過度に制限することなく、選手の普段の運動形態と同じ条件下で正確な酸素摂取量の測定が可能となる。しかしながら、この装置もまた高価であり、おもに研究目的のために用いられている。

　最大酸素摂取量の測定においては、その選手がおこなっているスポーツ種目に適した運動形態での測定が、最も高い値をもたらすことが研究によって明らかになっている。したがって、スポーツ選手の最大酸素摂取量は、その選手が普段おこなっているトレーニングや競技と同じような運動形態を使用して測定されるべきである。つまり、自転車競技選手は自転車運動で、ランナーはトレッドミル、ボート選手はボートエルゴメータを使用した漸増負荷運動でテストされなければならない。一方、間接的な最大酸素摂取量の測定には、Yo-Yo 持久力テスト（著者であるバングスボ氏が考案したシャトルランテスト。詳細は『パフォーマンス向上に役立つサッカー選手の体力測定と評価』（バングスボ著、大修館書店、2015）を参照）や、クーパーのランニングテスト（クーパー氏が考案した12分完走テスト）、自転車を用いた最大下運動での心拍数の二点計測法などがあるが、これらのテストは、最大酸素摂取量をおおまかに推定することしかできない。

4. トレーニングが最大酸素摂取量に及ぼす影響

一般的に、トレーニングは最大酸素摂取量を顕著に増加させると考えられている。事前にトレーニングをおこなっていない人が1週間に3回、最大酸素摂取量の60〜70%の運動強度で30分間のトレーニングを一定期間おこなうと、通常、最大酸素摂取量は3〜4ヶ月後に15〜20%増加する。しかしながら、その効果には個人差があり、概して、トレーニング前の最大酸素摂取量が低い人ほどトレーニング向上の度合いが大きくなる。逆に、トレーニング前からすでに高い最大酸素摂取量を有する人の中には、3〜6ヶ月のトレーニング後には値が3%ほど低くなるケースもある。一般的には、長期にわたって計画的に適度に高い強度でトレーニングをおこなえば、女性では60 mℓ/分/kg(体重)、男性では70 mℓ/分/kg(体重)を超える数値を示すようになる。稀に、遺伝的要因によって酸素摂取の改善レベルが高く設定されており、トレーニング後には80 mℓ/分/kg(体重)の値を超える選手も存在する。中強度の基礎的な初期トレーニングを終えたあとには、高強度のインターバルトレーニングをおこなうことで、最大酸素摂取量のさらなる向上が可能である（図17、p.35頁参照）。また、より多くの筋群を動員する持久系スポーツのエリート選手には、より高い最大酸素摂取量が備わっている（図17参照）。これまでに記録された中で最も高い最大酸素摂取量の一例は、男性中距離ランナーの96 mℓ/分/kg(体重)であり、女性ではクロスカントリースキー選手の79 mℓ/分/kg(体重)である。

◆要約と学習課題

要約

運動中の酸素摂取量は、最大酸素摂取量に達するまで運動強度に比例して増加する。一般的には、最大酸素摂取量は、運動で利用される筋への最大酸素供給量によって決定される。最大酸素摂取量の測定には、最低限両足でおこなう運動形態が必要である。最大酸素摂取量は有酸素性トレーニングによって増加し、非常によくトレーニングされた人では、トレーニングしていない人の2倍以上の最大酸素摂取量を有する可能性がある。

復習問題

1. 酸素摂取量はどのように算出されるか？
2. 男性と女性における最大酸素摂取量の平均値はどれくらいか？また獲得されうる最も高い値はどのくらいか？
3. 最大酸素摂取量に到達するような運動中には、どれくらいの筋量の動員が必要とされるか？
4. 最大酸素摂取量を決定する要因は何か？最大酸素摂取量はどのように算出されるか？

5. トレーニングは最大酸素摂取量にどのように影響を及ぼすか？

計算問題

150wの負荷で5分間自転車をこいだ人がいる。その時、ダグラスバッグを用いて70秒間呼気が収集された。収集された空気の分析は以下のとおりである。

収集量：70ℓ

二酸化炭素濃度：3.45％（空気中の二酸化炭素濃度：0.04％）

酸素濃度：17.23％（空気中の酸素濃度：20.95％）

この運動による以下の項目をそれぞれ計算しなさい。

(1)換気量

(2)酸素摂取量

第**5**章　筋

　ヒトには骨に付着した筋、すなわち**骨格筋**（skeletal muscle）が数多く備わっており、そ
れらは多くの**筋線維**（muscle fibres）で構成されている。骨格筋は運動内容によって変化が
現れる組織である。例えば、積極的にウェイトトレーニングをおこなえば、筋のサイズを２〜
３倍に増やすことが可能である。その一方で、２週間にわたって筋を動かさない状態でいると、
筋のサイズが20％減少することもある。筋線維は分化して新たに筋線維を増やすことができ
るが、筋のサイズが増大するおもな原因は、一本一本の筋線維が太くなることである。ヒトの
筋線維は加齢によって失われ、その後に新しい筋線維ができることはほとんどない。

　筋線維は、構造（形態学）的および生化学的特性によって、**遅筋線維**（slow twitch fibres：
以下ST線維と表記）と**速筋線維**（fast twitch fibres：以下FT線維と表記）という代表的な２
つのタイプに分類され、FT線維はさらにFTa線維とFTx線維の２つのタイプに分類される。す
なわち、筋線維は通常、ST、FTa、FTxの３種類のタイプに分けて考える。また、数は少ないが、
筋線維の中には複数の筋線維タイプ特性を有しているものがあり、それはつまり、あるタイプ
から別のタイプに変わる移行型の筋線維とそうではない筋線維とがあることを示している。筋
線維に関する初期の研究は、さまざまな動物の筋を使った実験によっておこなわれてきたが、
ヒトの筋線維に関する研究は、筋バイオプシー法で使用する針の技術が確立した約50年前か
らおこなわれるようになった。最近の研究では、ラットおよび他の小型哺乳類でみつかった筋
線維タイプ（FTb線維）が、ヒトや大型動物には存在しないことが示された。しかしこのFTb
線維はFTx線維と構造的に類似するいくつかの特徴があり、また、収縮様式とエネルギーを生
み出す代謝特性（エネルギー発生）が、FTa線維とFTx線維の中間にあることが示されている。
したがってこの章では、筋生理学者が通常使用しているFTx線維を最も速い速度で収縮する筋
線維タイプとして解説を進めることとする。

1. 筋線維の特徴

　表5は、筋線維の3つのタイプの特徴を示している。ST線維は、タイプⅠ線維、赤筋線維とも呼ばれており、筋の収縮速度は遅いが、長時間にわたり収縮し続けることができる特性がある。この特性を説明する要因として、筋線維が多くの毛細血管に囲まれていることと、筋線維に多くのミトコンドリアが存在することが挙げられる。**ミトコンドリア**（mitochondria）は細胞内の小器官であり、有酸素性エネルギーを生み出すことができる、いわば筋線維内にある発電所である（p.55〜56参照）。さらに、ST線維には、ヘモグロビンと同じような性質をもつタンパク質である**ミオグロビン**（myoglobin）が含まれている。ミオグロビンは酸素と結合できるため、筋線維中の酸素貯蔵の役割を担っている。赤筋線維と呼ばれる理由は、筋線維周辺の毛細血管網から酸素供給を受けるミオグロビンが豊富に存在し、その特徴として赤色となるためである。さらにST線維には、有酸素性エネルギー供給過程で重要な役割を担う、多くの酸化酵素（p.54〜57参照）が含まれている。これはつまり、ST線維が呼吸によって酸素を取り込む高い能力を有することを示している。

　FT線維は、タイプⅡ線維、白筋線維とも呼ばれており、筋の収縮速度は速いが、ST線維ほど持続力はない(表5)。しかし、速筋線維は多くのスポーツパフォーマンス発揮に大きく関わっていることは間違いない。前述したように、FT線維はFTa線維とFTx線維に分けられ、FTa線維は、ST線維とFTx線維の中間の特性を持っている。FTx線維には毛細血管とミトコンドリアが少なく、ミオグロビンのわずかな活動と低い酸化酵素活性能力しか持ち合わせていないため、持久的能力に乏しい。しかしながら、FTx線維は力を速く伝えることができ、線維内にクレア

表5　筋線維の3つのタイプの特徴

	筋線維タイプ		
	ST線維	FTa線維	FTx線維
ミオシンATPアーゼ活性	低い	高い	非常に高い
筋の収縮スピード	遅い	速い	非常に速い
パワー発揮率	低い	高い	最も高い
毛細血管密度	高い	中程度	低い
ミトコンドリア含有量	多い	中程度	少ない
ミオグロビン含有量	多い	中程度	少ない
酸化酵素含有量	多い	中程度	少ない
持久的能力	高い	中程度	低い
クレアチンリン酸含有量	中程度	多い	多い
グリコーゲン含有量	中程度	多い	多い
脂肪含有量	多い	中程度	少ない
無酸素性酵素含有量	少ない/中程度	中程度	多い
無酸素性運動能力	低い	高い	最も高い

チンリン酸、グリコーゲンおよび解糖系酵素を多く含んでいることから、酸素がない状況でもエネルギーを作り出すことができる。一方、FTa線維は、FTx線維と同様の収縮速度を持ち、かつ高い持久的能力も持ち合わせている。

　一般的にST線維はFT線維より細いが、筋の横断面積はそれぞれの筋特性の範囲内で大きく変化することが可能で、その変化量は、筋力トレーニングの方法やその他さまざまな要因によって決定される。

　ST線維とFT線維では、ATPを分解してエネルギーを放出する際に働く**ミオシンATPアーゼ**（myosin-ATPase）という酵素の量が異なっている。したがって、ミオシンATPアーゼの含有量は、筋の収縮速度の評価基準として使用することができる。実際に、より速い収縮速度をもつFT線維は、ミオシンATPアーゼ酵素をたくさん含んでいる一方で、収縮速度が遅いST線維は酵素の含有量が少ないことがわかっている。

2. 筋線維組成

　3つの筋線維タイプの割合は**筋線維組成**（fibre type distribution）と呼ばれている。筋線維組成は、**図20**に示す**筋バイオプシー**（muscle biopsy）という方法によって、すなわち、人体の筋組織から特別な針を用いて採取された微量の筋線維を特殊な染色技術を使って化学的に分析し、割り出される。筋線維組成はそれぞれの筋で異なるだけではなく、同じ筋でも部位によって異なることがあり、個人差も非常に大きい。

　筋バイオプシーにより筋線維組成を正確に測定することができるが、採取した筋は身体全体のほんの一部分であり、全身における筋の特性を示すものではないため、結果を解釈する際には注意が必要である。したがって、あるスポーツ種目の適合性を、たった1回の筋バイオプシー

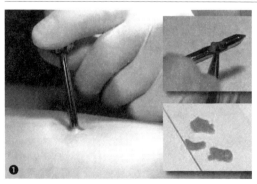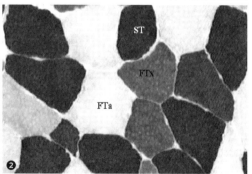

図20　筋バイオプシーのテクニック
筋から針を使って取り出された少量の筋組織サンプルは、筋線維組成を決定するために、異なるpH値で構成された酸塩基溶液で処理される（❶）。その後、それぞれのサンプルに着色剤を加えてスライドに載せ、顕微鏡で分析する（❷）。黒色はST線維、白色はFTa線維、灰色はFTx線維である。

で予測することは不可能である。

　普段トレーニングをしていない人は、全身のほとんどの筋においてST線維とFT線維の割合が同じであるが、いくつかの筋ではその割合は異なる。例えば、ふくらはぎの深層筋（ヒラメ筋）は、ほとんどST線維で占められている一方、腕の伸展筋（上腕三頭筋）についてはFT線維が多くを占めている。また、筋線維組成は加齢とともに変化する。50歳を過ぎると、ある程度のFT線維（特にFTx線維）が失われ筋量が少なくなり、結果としてST線維の割合が増加する傾向にある。理論的にはFT線維のこの減少は、結果として持久的能力よりもスピードおよびパワーの損失を引き起こすと考えられる。筋線維組成は男女でほぼ同様であるが、一般的に女性は男性よりもFTx線維の比率が高い。しかし、筋収縮時におけるFTx線維の作用は男性に比べて少ないようである。また、10歳以下の子どもについても、成人と比較するとFTx線維の割合が高くなる。

　図21は、スポーツ種目ごとの大腿筋におけるST線維の割合を示している。持久的能力が必要なスポーツ種目ほどST線維の割合が高く、大きなパワー発揮が必要なスポーツ種目ほどST線維の割合は低い。マラソンランナーはST線維の割合が高いが、彼らの脚筋群にはFTx線維はほとんどない。対照的に、スプリンターは最大パワーを瞬時に発揮させる大きなエネルギーを必要とするため、脚筋群には高い割合のFT線維が備わっている。この分野の研究結果では、ワールドクラスのマラソン選手における、ふくらはぎの腓腹筋のST線維割合は93〜99％であり、ハイレベルのスプリンターでは同じ筋のST線維割合が25％しかないことが示されている。しかしながら、筋線維組成だけで長距離ランナーとスプリンターを見極めることはできない。な

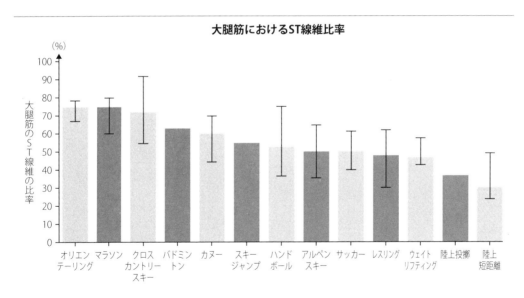

図21　さまざまなスポーツにおける男性アスリートの大腿筋におけるST線維割合の平均値
数値はいくつかの研究の結果から算出した。細い縦線の長さで示されているように、同じスポーツ種目内でも大きな個人差がみられるものもある。

ぜなら、循環器機能や筋のサイズ、身体を動かす筋の使い方（筋コーディネーション能力）も、持久的能力あるいは大きなパワーが要求されるさまざまなスポーツ種目の貢献要因と考えられるためである。

3. 筋線維組成と筋の運動能力に対するトレーニング効果

競技レベルの高いアスリートの筋線維組成が遺伝的に継承されるものなのか、あるいはトレーニングに起因するものなのかについては、研究者たちによって長い間議論されてきた。ある動物実験では、筋に長い期間電気的刺激を与えることにより、ある筋線維タイプから別の筋線維タイプに変化していく可能性があることが示された。このことは、トレーニングがST線維とFT線維間の移行に関係することを示唆しているが、ヒトの筋を使った研究においては、トレーニングによるFT線維とST線維の移行についてはいまだ解明に至っていない。一方で、有酸素性トレーニングによってFTx線維がFTa線維へ移行するといった、FT線維どうしの異なるサブタイプへの移行は明らかにされている。加えて、有酸素性トレーニングはST線維およびFT線維両方の持久力の改善に寄与することがわかっている。したがって、有酸素性トレーニングによるFT線維からST線維への移行がみられなくても、**図22**に示されているように、トレーニングしている者のFT線維の酸化酵素活性レベルがトレーニングをしていない者のST線

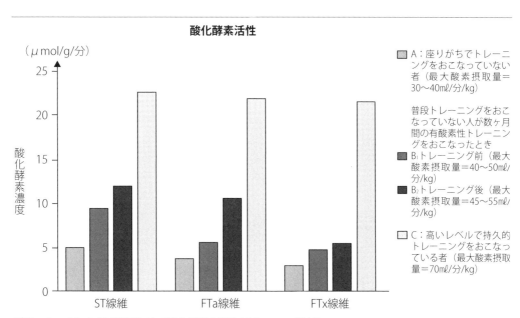

図22　３つのタイプの筋線維ごとの酸化酵素の活性とトレーニング効果
A〜Cのそれぞれの対象について、酸化酵素（コハク酸デヒドロゲナーゼ：SHD（コハク酸脱水素酵素））の活性レベルを３つの筋線維タイプごとに示した。Cの酸化酵素活性レベルは、３つの筋線維タイプでほぼ同じ値であり、AやB₂のST線維の酸化酵素活性レベルよりもはるかに高いことに注目してほしい。

維の酸化酵素活性レベルよりも高くなることからすると、結果として全身の持久的能力は向上すると考えられている。つまり、よくトレーニングをしているFT線維の割合が多い人は、あまりトレーニングしていないST線維の割合が多い人よりも、持久的能力を容易に獲得できるといえる。

　生理学的研究分野の進歩により、現在では、筋線維タイプに関連する筋のタンパク質の研究に対しても、より精巧な技術を利用できるようになった。これらの実験技術の進歩は、筋線維組成に対するさまざまなタイプのトレーニング効果について、より詳細に検討することを可能にした。例えば、**ゲル電気泳動**（gel electrophoresis）と呼ばれる測定技術は、**図23**からもわかるように、個々の筋線維の筋収縮に関与するタンパク質である**ミオシン**（myosin）のより詳細な形状の測定を可能にした。筋線維のミオシンの形状がおもに筋線維タイプを決定していることから、この技術進歩により、少なくとも５つのタイプの筋線維が識別できるようになった。また、タンパク質の微量の差や変化が検知可能となり、トレーニングによるそれぞれのタイプの筋線維に対する変化について、伝統的な方法よりも数週間単位で早く分析することが可能となった。

　さらに、筋バイオプシーで得られた微量の筋サンプルからは、タンパク質の前駆体である**メッセンジャーRNA**（messenger RNA：以下mRNAと表記）を検出することが可能になり、**図24**に示すように、新しい分子生物学的手法を用いて分析することで、トレーニング効果のより迅速な評価が可能となった。**図25**は、細胞内でのタンパク質製造過程を示している。生体内において新しいタンパク質を作り出すためには２つの段階がある。まず、特定のタンパク質を構成している遺伝子中のDNAコードをmRNAに**転写**（transcription）する。その後、転写された情報に基づいて、mRNAがタンパク質に**変換**（translation）される。つまり、DNAコードが転写されたmRNAの型および量が、タンパク質のタイプとその生成量を決めることになる。

　分子生物学の技術により測定されたmRNAの濃度は、トレーニングによるそれぞれの筋線

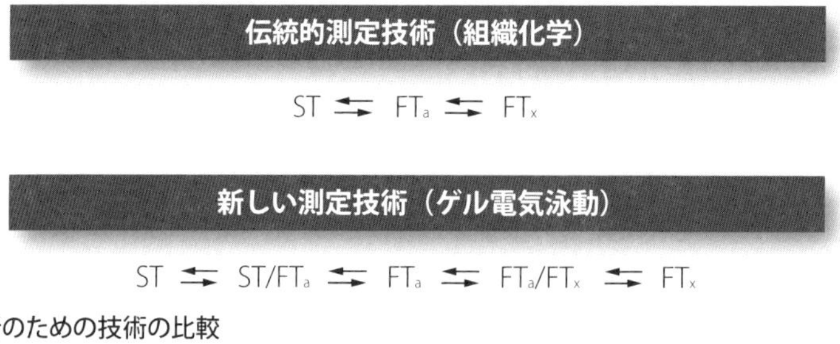

伝統的測定技術（組織化学）

$$ST \rightleftarrows FT_a \rightleftarrows FT_x$$

新しい測定技術（ゲル電気泳動）

$$ST \rightleftarrows ST/FT_a \rightleftarrows FT_a \rightleftarrows FT_a/FT_x \rightleftarrows FT_x$$

図23　筋線維分析のための技術の比較
伝統的な測定技術（組織化学）は、３つのタイプの筋線維を明確に区別することができる。一方、ゲル電気泳動を用いて筋線維を分析する新しい測定技術は、少なくとも５種類の筋線維を正確に検出することを可能にする。矢印は筋線維がタイプを変える能力を示している。

維タイプの移行傾向を示している。例えば、もし一定期間のトレーニング後に、本来はFTa線維ミオシンでみられるmRNAの前駆体がFTx線維内で多くみられるようになったとしたら、トレーニングによって筋線維タイプがFTx線維からFTa線維へ移行していることになる。この方法を利用すると、1回のトレーニングセッションが筋線維に及ぼす影響を24時間以内に評価することもできる。つまり、どのようなタイプのトレーニングが筋に最適な効果をもたらすかどうか評価でき、異なるそれぞれのスポーツにおける最適なトレーニング方法に関する情報を

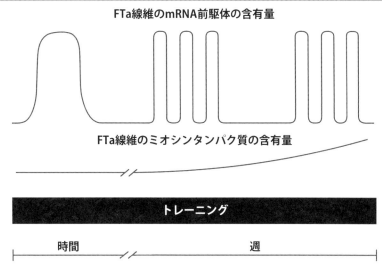

図24　トレーニング期間中のFTa線維におけるmRNA前駆体およびミオシンタンパク質の変化
週単位で変化するミオシンタンパク質（下線）を測定するよりも、時間単位で変化するmRNA（上線）を測定するほうが、迅速により短い時間単位で、トレーニングによる変化を評価することができる。

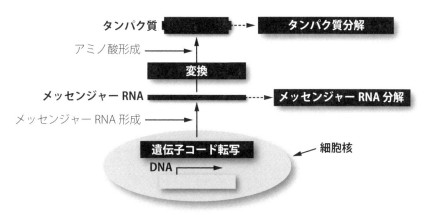

図25　細胞内でのタンパク質製造過程
最初にDNAの遺伝子コードは、メッセンジャーRNA（mRNA）に写される（転写）。次に、mRNAは互いに結合してタンパク質を形成するアミノ酸の特定の配列に変換される（変換）。

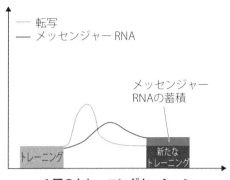

転写とメッセンジャー RNA

― 転写
― メッセンジャー RNA

メッセンジャー
RNAの蓄積

トレーニング

新たな
トレーニング

1回のトレーニングセッション

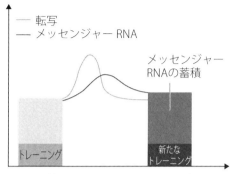

転写とメッセンジャー RNA

― 転写
― メッセンジャー RNA

メッセンジャー
RNAの蓄積

トレーニング

新たな
トレーニング

数週間にわたるトレーニング

図26　トレーニングに対して筋が適応を示すメカニズム
各トレーニング期間後、一時的な転写の増加が起こり、mRNA濃度が高くなる。トレーニングが頻繁におこなわれる場合、mRNA濃度の増加が繰り返され、mRNAが高濃度になることによって特異的タンパク質の形成が導かれる。

短期間で得ることが可能となる。筋線維のタンパク質の種類や濃度は、タンパク質の合成と分解のバランスに依存する。トレーニングによる筋線維のタンパク質組成の変化は、おもにトレーニングによるタンパク質合成の変化を反映する。**図26**に示すように、特定のタンパク質におこるmRNAに記憶される遺伝子の転写は、それぞれのトレーニングセッション後に活性化していることがわかる。したがって、転写やmRNAレベルに対してみられるトレーニング効果は、トレーニング前後に筋バイオプシーにより得られる筋組織とそこから分離した細胞核から測定することができる。そして、トレーニングを頻繁に繰り返すことによって、特定のタンパク質のmRNAが筋細胞内に蓄積され、トレーニングされた筋は適応を示すようになる。

4. 遺伝子治療

　近年、遺伝子治療についての研究が非常に多くおこなわれており、今後はこの分野の研究を応用して、タンパク質の改善によって疾病に対抗できる身体を手に入れることが可能となるかもしれない。しかしながら、多くの有益な発見の中で、遺伝子を操作するこの技術は、将来スポーツ界において誤った使い方をされる可能性があるのも事実である。そのひとつである、いわゆる遺伝子ドーピング（p.31参照）は筋線維の特性や筋線維組成を変化させることができ、究極的には、競技者のパフォーマンス向上に使われる恐れがある。筋細胞の核に人工的に操作した遺伝子を注入する遺伝子操作技術は、例えば筋を肥大させる大量のタンパク質を生成するよう直接細胞に作用させることができる。遺伝子操作により作成された人工遺伝子は、自然に作られるタンパク質と同類と識別されてしまうことから、この種の遺伝子ドーピングを検知す

ることは非常に難しいであろう。

5. 運動中の筋線維の動員

　図27は運動強度の増加に伴う筋線維の動員割合を示している。低い強度での運動では、おもにST線維が動員される。運動強度が高くなると徐々にFTa線維が動員され、さらに強度が高くなるとFTx線維も動員されるようになる。また、長時間の運動では、筋線維タイプの**動員パターン**（recruitment pattern）が変化していく。例えば、マラソンのような数時間を要するスポーツでは、レース前半はおもにST線維が動員される。その後、ST線維のエネルギー源（グリコーゲン）が枯渇すると、神経系のシステムは運動強度を維持するためにより多くのFTa線維を動員させ、続いてFTx線維を動員させようとする。しかし、実際にはこれらFT線維を動員し続けるには相当の努力を必要とする。このことは、長いレースの終盤に走るペースを上げる、あるいは維持することがいかに困難であるかを的確に説明している。

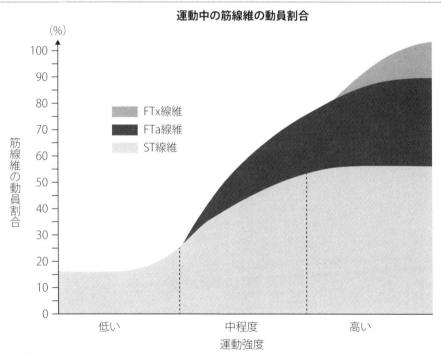

図23　筋線維分析のための技術の比較

伝統的な測定技術（組織化学）は、3つのタイプの筋線維を明確に区別することができる。一方、ゲル電気泳動を用いて筋線維を分析する新しい測定技術は、少なくとも5種類の筋線維を正確に検出することを可能にする。矢印は筋線維がタイプを変える能力を示している。

◆要約と学習課題

要約

　ヒトにはST線維、FTa線維、FTx線維と呼ばれる3つの筋線維タイプが備わっている。筋線維組成はおもに遺伝的要因によって決定されるが、トレーニングはFTx線維の割合を減少させ、FTa線維の割合を増加させる。ヒトでは、FTa線維からST線維に、およびその逆方向に、筋線維タイプが変換する明確な証拠はない。しかし、有酸素性トレーニングは、FT線維とST線維の両方の持久的能力を顕著に改善できる。

復習問題

1. ヒトの筋におけるおもな筋線維タイプの名前を挙げなさい。
2. トレーニングは、筋繊維タイプの割合にどのような影響を及ぼすか？
3. 遅筋線維と速筋線維の酸化酵素活性の違いとは何か。また、それぞれの筋線維の酸化酵素活性はトレーニングによってどのように影響を受けるか？
4. ST線維、FTa線維、FTx線維は、それぞれどのような運動強度で動員されるか。また、この筋線維の動員はマラソン選手にとってどのような意味を持つか？

第6章 エネルギー変換

Energy turnover

　運動中、化学的エネルギーは収縮する筋内で機械的エネルギーに変換される。筋はいくつかの方法でエネルギーを作り出すが、収縮する筋に対して、エネルギーを直接的に供給する過程はたったひとつしかない。このエネルギーは、**ATP**（adenosine triphosphate：アデノシン三リン酸）と呼ばれる化合物に蓄えられている。ATPは**アデノシン**（adenosin）というタンパク質と3つの**リン酸基**（phosphate group）から構成されている。第2と第3のリン酸基間の結合を分解するプロセスは酸素を必要とせず、結合部に蓄えられている多くのエネルギーを放出する。第3のリン酸基が離されたATPは、**ADP**（adenosine diphosphate：アデノシン二リン酸，アデノシンと2つのリン酸基から構成されている）に変換される。

ATP → ADP ＋ P（リン酸）＋ エネルギー

　放出されたエネルギーは、**ミオシンフィラメント**（myosin filament）が**アクチンフィラメント**（actin filament）を引き込むことにより起こされる筋収縮に使われる。一方、フィラメントを元の位置に戻す（筋肉が弛緩する）ときにはエネルギーを必要としない。

　ATPは大きく重い分子であるため、筋中にわずかな量（約5 mmol[*3]/kg(筋湿重量)）しか貯蔵されていない。人が1日にATPをエネルギーへ変換する量は40〜60 kgにも達するが、このエネルギーを脂肪で賄うとすると200〜300 gで済む。それゆえ、脂肪のようにエネルギーをコンパクトに蓄えることができる基質をエネルギー源として利用できるのは非常に有利であり、もし脂肪のような基質が利用できなければ、私たちの体重はかなりの重さになってしまうだろう。また、もし運動のために利用可能な唯一のエネルギー源がわずかに蓄えられたATPであったなら、最大運動の強度なら1秒しか運動することができない。なぜならば、ATPの変換率は約4 mmol/kg(筋)/秒しかないからである。

　筋にはわずかな量のATPしか貯蔵されていないことから、運動を継続するためには、ATPが

---

*3.　mol(モル)は異なる物質量を比較するときの測定単位で、アボガドロ数(6.02×1023個)の分子の集合単位である。

表6　ヒトの体内に蓄えられているエネルギー生成のための基質

基質	貯蔵量 (g)	エネルギー貯蔵量 (kJ)	可能な運動時間（最大強度）	運動中の機能	エネルギー貯蔵に対するトレーニング効果
ATP		4	1秒	直接のエネルギー源	濃度の変化はない
クレアチンリン酸		15	6秒	ATP再合成にすぐに利用	濃度の変化はない
炭水化物					
肝グリコーゲン	100	1,770		血中グルコースの維持	トレーニングと炭水化物の豊富な食事により倍増する。
筋グリコーゲン	400	7,080		運動中におもに使われる。	トレーニングと炭水化物の豊富な食事により倍増する。
体液中のグルコース	20	320		脳へのエネルギー供給と運動筋へのグルコース供給	濃度における変化はない。
合計	520	9170	数時間		
脂肪					
皮下脂肪	7,000	275,800		軽度から中度の強度の運動中に使われる	トレーニングによる増加
筋内脂肪	150	5,910		運動中に使用されるが、おもに筋グリコーゲンを再構築する回復中に使われる。	
合計	7,150	281,710	数日		

※体重70kg、体脂肪率が約10%の男性

使用されるのと同時に同じ割合のATPが再合成される必要がある。つまり、体内細胞におけるすべてのエネルギー生成過程の役割は、ATPを再合成するためのエネルギーを提供するということである。このエネルギー生成過程によって供給されるエネルギーは、遊離しているリン酸基がADPと結合してATPが再合成される際に使用される。

$$ADP　+　P（リン酸）　+　エネルギー　\rightarrow　ATP$$

　ATPが再び貯蔵されれば、筋収縮のようなエネルギー消費の際に使うことが可能となる。筋は、体に蓄えられた基質の分解や食事で摂取した栄養素から、ATPを再合成するためのエネルギーを得る。その過程は、酸素を使用する過程（有酸素性エネルギー供給過程）か、あるいは酸素を使用しない過程（無酸素性エネルギー供給過程）のどちらかである。体内で分解されるさまざまな化合物を**基質**（substrates）と呼ぶが、**表6**は、ヒトの体内に蓄えられているおもな基質をまとめたものである。炭水化物と脂肪は運動中にエネルギーを生成させるおもな基質であることから、すぐに利用できるように体内に蓄えられている必要がある。このエネルギーを生成する**反応**（reactions）は**酵素**（enzymes）によって調整され、また後述するように、その反応は**ホルモン**（hormones）の作用も受けている。

1. 酵素

　酵素は、生体内の化学反応の速度（触媒作用）を増加させる特殊なタンパク質である。酵素は反応の速度を調整しているが、その過程で消費されることはない。もし、より多くの酵素が利用できるようになれば、関連する化学反応の速度もそれに応じて速くなる。

　エネルギー生成のための基質の貯蔵と筋線維内のATP再合成の過程を**図28**に示した。

　無酸素性エネルギー供給過程によるエネルギー生成に関与する酵素は、筋線維の細胞質[*4]内にあり、**無酸素性酵素**（anaerobic enzymes）と呼ばれている。酵素のひとつである**クレアチンキナーゼ**（creatine kinase：CK）は、**クレアチンリン酸**（creatine phosphate：CrP）の分解を促進することでATPの再合成を促進する。グリコーゲンとグルコースを分解する過程は**解糖**（glycolysis）と呼ばれ、その過程に関わる酵素、すなわち**解糖系酵素**（glycolytic enzymes）のうち最も重要なのが**ホスホフルクトキナーゼ**（phosphofructokinase：PFK）である。酵素は、細胞内のさまざまな基質の濃度変化によって刺激される。たとえば、PFKの活性はATPの減少によって増加する。つまり、それは筋により多くのATPを産生するよう刺激していることを示している。

　酵素のいくつかは、有酸素性の運動をする筋線維の能力にも作用している。それらの酵素は脂肪と炭水化物の分解を調整しており、その多くはミトコンドリア（p.44参照）に存在する。しかしながら、脂肪の分解の初期段階に関与するいくつかの酵素は、細胞質内にもみられる。これらの酵素は酸素を必要とする過程で働いているので、**酸化酵素**（oxidative enzymes）と呼ばれる。ピルビン酸デヒトロゲナーゼ（PDH：ピルビン酸脱水素酵素）は、ピルビン酸をクレブズ回路で使用するための変換に使用される。ベータ・ヒドロキシCoAデヒドロゲナーゼ（HAD：ベータ・ヒドロキシCoA脱水素酵素）は、脂肪酸化の第1段階における重要な酵素である。クエン酸シンターゼ（CS：クエン酸合成酵素）とコハク酸デヒドロゲナーゼ（SDH：コハク酸脱水素酵素）は、クレブス回路においてエネルギー生成の効率を調整している酵素である。

2. 筋酵素に対するトレーニングと身体的非活動の影響

　酵素は、身体の活動状態に対して非常に敏感である。トレーニングのように身体を動かすことによって酵素活性は高まるが、身体を動かさなければ酵素活性は落ちる。**図29**に示すように、有酸素性トレーニングの期間（活動期）は酸化酵素の活性が促進されるため、有酸素性エネルギーへの変換効率が高まる。逆に、トレーニングを停止する（不活動期に入る）と酸化酵素の活性は急速に低下する。このことは、酵素活性を増加させるには、同程度の活性を低下させるよりも長い時間が必要であることを意味している。

*4. 細胞の細胞質は、細胞膜で囲まれた液状基質の部分である。

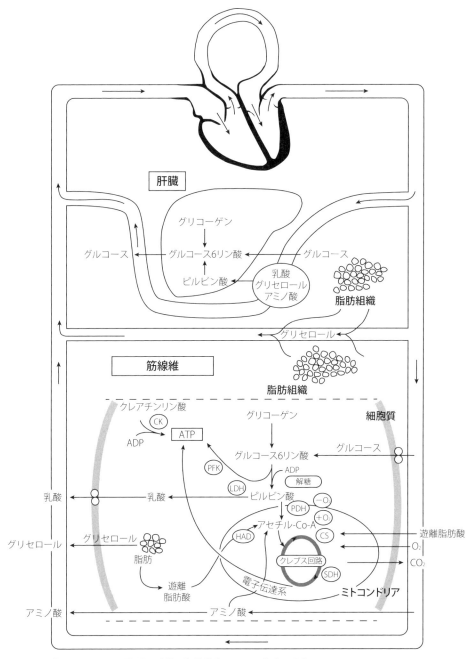

図28　エネルギー生成のための基質の貯蔵と筋線維内のATP再合成の過程

貯蔵されている基質はエネルギー生成のため体内で使われる。そして、ATPを再合成する過程では筋線維に蓄えられる。有酸素性の反応からのエネルギー生成は酸素と酸化酵素を必要とし、ミトコンドリアでおこなわれる。無酸素性エネルギー供給過程で産生されるATPはいくつかの異なる酵素によって調整され、酸素を必要とせずに細胞質内で生じる。

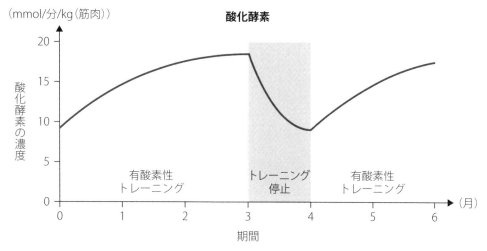

図29　筋の酸化酵素活性に対する有酸素性トレーニングと身体の不活動期の影響
酵素活性はトレーニング開始とともに顕著に増加するが、そのトレーニングを停止すると急速に低下することに注目。

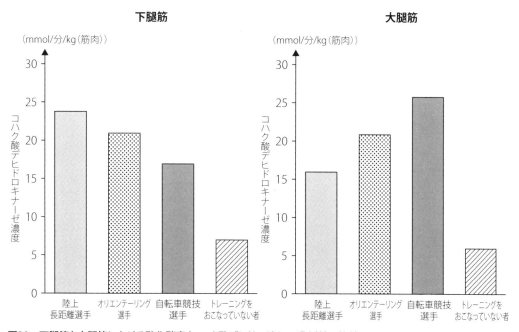

図30　下腿筋と大腿筋における酸化酵素（コハク酸デヒドロゲナーゼ）活性の比較
おもに脚の筋を使う３種類の競技（長距離走、オリエンテーリング競技、自転車競技）の持久的トレーニングを多くこなしているそれぞれのエリート選手とトレーニングをしていない人を比較している。トレーニングを多くこなしているエリート選手の中で、自転車競技選手（右から２番目）は下腿筋に比べて大腿筋で酵素活性（SDH）が有意に高かったのに対し、長距離選手（左端）はその逆の結果であった。一方、下腿筋と大腿筋を鍛えているオリエンテーリング選手（左から２番目）は、両方の筋で高い酵素活性を示した。

酵素活性は、トレーニングによって実際に使われる筋でのみ高まる。**図30**に示すように、ある研究では、おもに脚を使っておこなう異なる３つのスポーツ（長距離走、オリエンテーリング競技、自転車競技）におけるアスリートを対象にして、大腿部および下腿部の筋ごとの酸化酵素活性（持久的能力）を比較した。その結果、それぞれのスポーツ種目では異なる筋の部位が使われていることが示された。例えば、長距離選手はおもに下腿筋を使用し、自転車競技選手は大腿筋をおもに使用していた。オリエンテーリング選手はヒルランニングを頻繁におこなっていることから、大腿筋と下腿筋の両方に高い持久的能力（つまり高い酵素活性）がみられた。これらの結果は、異なる筋を使うスポーツ間でのクロストレーニングは、パフォーマンス向上に適していないことを示している。

3. ホルモン

化学的メッセンジャーである**ホルモン**（hormones）は、**内分泌腺**（endocrine glands）によって血液中に放出され、さまざまな組織へ運搬される。そこで細胞の表面にある特定のタンパク質受容体と結合し、細胞内で効果を発揮する。ホルモンは身体のすべての組織や器官を循環するが、そのホルモンにとっての特定の場所、つまりそのホルモン特有の受容体に結合したときにのみ効果を発揮する。多くのホルモンは運動中の代謝にとって重要であり、トレーニングによる身体の適応に影響を及ぼす。

エピネフリン（epinephrine、別名**アドレナリン**：adrenaline）と**ノルエピネフリン**（norepinephrine、別名**ノルアドレナリン**：noradrenaline）は、血圧や血中グルコースレベルの維持などの、多くの役割を担っている。ノルエピネフリンは交感神経系（p.107参照）が活動した際に放出される。エピネフリンとノルエピネフリンは、副腎の中心部である**副腎髄質**（adrenal medulla）から総分泌量のそれぞれ80％と20％の割合で分泌され、運動中だけではなく、例えばサッカーのペナルティキックをおこなう前の恐怖や不安といった、強い感情的刺激によっても分泌される。

インスリン（insulin）は**膵臓**（pancreas）から放出され、細胞での栄養素の摂取にとって重要な役割を果たす。胃で消化された食物は小腸で吸収され、血液中に入る。インスリンは細胞を刺激し、血液から細胞にグルコース、アミノ酸、脂肪酸といった栄養素を取り込ませ、取り込まれたものがグリコーゲン、タンパク質および脂肪として体内に貯蔵されるための合成に関わる。またインスリンは、細胞膜を介しての血中から細胞へのグルコースの移動を容易にする。したがって、インスリンが欠乏すると、血中にグルコースが蓄積し、**糖尿病**（diabetes mellitus）となる。インスリンと同じく膵臓から分泌される**グルカゴン**（glucagon）は、インスリンとは逆の作用を及ぼす。グルカゴンはアミノ酸からのグルコースの合成および肝臓に蓄積されたグリコーゲンの分解を刺激し、血中へグルコースを放出する。加えてグルカゴンは、脂肪組織から脂肪酸を遊離し、運動筋にさらなるエネルギー源を送り込む働きもしている。

コルチゾール（cortisol）は、副腎の外層部にあたる**副腎皮質**（adrenal cortex）から分泌される。このホルモンは、肝臓において、生体組織のタンパク質からのグルコース合成のためのアミノ酸の分解を促進し、運動中の血中グルコースレベルの維持に貢献している。また、脂肪組織を刺激して脂肪酸が遊離してエネルギー源となることを促し、筋肉以外の組織によるグルコースの取り込みを防いでいる。このように、コルチゾールは運動中の十分なエネルギー源（グルコースや脂肪酸）を確保する役割を持ち、さらに運動後において、おもに筋組織の修復に利用するアミノ酸の合成にも貢献している。

　成長ホルモン（growth hormone）は**脳下垂体前葉**（anterior pituitary gland）から分泌され、タンパク質、脂肪、炭水化物の代謝に対して重要な役割を持つ。成長ホルモンはインスリンとは逆の作用を示す。すなわち、肝臓におけるグルコースの新生にかかわり、また脂肪組織からの脂肪酸の遊離を増加させることによって、血中グルコースレベルの維持に貢献する。したがって、インスリンの運動中の分泌量は増加する。さらには、新たなタンパク質合成のため、アミノ酸の細胞への取り込みも刺激する。選手の中にはこの作用を利用して、筋量を増加させるために、成長ホルモンを不正に使用する者もいる。

　テストステロン（testosterone）は、**精巣**（testes）から分泌されるホルモンである。テストステロンには、組織の構築を促進するアナボリックステロイドホルモンと、男性的特性を促進するアンドロゲンステロイドホルモンがあり、それぞれ、筋のタンパク質合成を刺激し、思春期の少年にみられる筋量を増加させるといった身体的変化を促進させる。テストステロンやそれと類似するステロイドは、筋量を増加させることによりパフォーマンスを高めるため、スポーツ界で最も乱用されている薬物である。しかしながら、長期間これらの薬物を使用したことによって、精巣機能の低下、心筋量の減少、糖耐性の低下といった深刻な問題が生じることも明らかになっている。

　ホルモンが内分泌腺から分泌される量は、分泌を刺激または抑制するいずれかの入力情報の程度に依存する。例えば、インスリンは血中グルコース濃度が上昇した情報に反応して、濃度を低下させるために膵臓から放出される。逆に、血中グルコースレベルが低下した情報の入力に対しては、インスリンの分泌を減少させ、エピネフリンおよびノルエピネフリンを放出するために交感神経系を活性させる。前述のように、多くのホルモンのおもな役割は、運動中の炭水化物と脂肪の利用を調整することである。つまり、運動中の血漿中のインスリンレベルの低下、そしてエピネフリン、ノルエピネフリン、グルカゴン、コルチゾール、成長ホルモンレベルの上昇は、血中グルコース濃度の維持および、遊離脂肪酸のエネルギー利用に貢献する。

◆要約と学習課題

要約

　筋でのエネルギー利用は、貯蔵されたATPだけでは賄えないため、筋細胞に蓄えられている基質や血液によって運ばれてくる基質からのさまざまな反応を通して、ATPを再合成しておこなわれている。これらの反応は、酸素を必要とする有酸素性エネルギー供給過程、または酸素を必要としない無酸素性エネルギー供給過程を通しておこなわれる。これらの反応は、それぞれのエネルギー供給過程で利用される特定酵素の活性や、基質の代謝に影響を与えるさまざまなホルモンによって支配されている。また、トレーニングなどの身体活動の有無は、これらのエネルギー生成反応に変化を及ぼす。

復習問題

1. エネルギーは、筋中のクレアチンリン酸（CrP）としてどのくらい蓄えられているか？
2. 貯蔵されているグリコーゲンは、どの組織や器官にあるか？ 各場所にはどの程度貯蔵されているか？
3. 脂肪はどこに貯蔵されているか？
4. 酵素とは何か？
5. クレアチンキナーゼ（CK）、ホスホフルクトキナーゼ（PFK）、クエン酸シンターゼ（CS）の役割は何か？
6. 有酸素性トレーニングと身体不活動は酸化酵素にどのように影響するか？
7. ホルモンはどのように働くか？
8. エピネフリンはどこで作られるか？ 体内の器官や組織において、その効果は何か？
9. インスリンの役割は何か？

第7章　無酸素性エネルギーと有酸素性エネルギーの生成
Anaerobic and aerobic energy production

　ある運動のエネルギー需要量に対して、酸素が不十分なことによって有酸素性エネルギー供給過程を通したエネルギー生成ができない場合、筋は酸素を必要としない無酸素性エネルギー供給過程によってエネルギー生成をおこない、ATPの蓄えを補充する。無酸素性エネルギー供給過程により生成されるエネルギーは、運動強度の急激な変化に対応することが可能である。そのため、筋は、エネルギーが少しずつしかもゆっくり生成される有酸素性エネルギー供給過程だけに依存せずに済む。また、運動が最大酸素摂取量強度より高い強度でおこなわれる場合も、エネルギー需要量は有酸素性エネルギー供給過程だけでは十分に満たすことができないため、無酸素性エネルギー供給過程によるエネルギー生成が必要となる。長距離走やロードサイクリングのような持久系競技でさえ、無酸素性エネルギー供給過程によるエネルギー生成がパフォーマンスを左右する。なぜなら、それらの競技の終盤でおこなわれるスプリントの場面では、最大酸素摂取量を超える運動強度のエネルギー需要があるからである。

　筋線維内に蓄えられているクレアチンリン酸（CrP）は、無酸素性エネルギーの生成に使われる基質のひとつである。これは**クレアチン**（creatine）と呼ばれるタンパク質にリン酸基（phosphate）が結合した物質である。エネルギーは、このようなリン酸基の結合によってATPとして蓄えられる。CrPがクレアチンとリン酸基に分解されるが、分解されたリン酸基1つはADPと結合してATPを再合成する。この過程は酸素を使わないことから、無酸素性エネルギー供給過程と呼ばれている。

$$CrP + ADP \rightarrow ATP + クレアチン$$

　筋活動を止めると、CrPは分解とは逆のプロセスによりただちに再合成される。この再合成に利用されるエネルギーは、ATPの分解から得ることになる。

$$\text{ATP} + \text{クレアチン} \rightarrow \text{CrP} + \text{ADP}$$

筋中のCrP濃度は約20mmol/kg（筋湿重量）であり、ATPよりも約4倍の高い濃度である。最大強度での運動中、もしCrPがエネルギー生成のための唯一の基質であったならば、運動は約6秒間しか継続できない。これは、最大運動時において、CrPの分解のみでのATP変換率が約3.5mmol/kg（筋）/秒であることから算出できる（**図31**参照）。したがって、筋中に既存するATPから算出される1秒に（第6章p.54参照）、CrP貯蔵量から算出されるこの6秒を加えた、合計約7秒間は最大強度の運動を継続することが可能と考えられる。しかしながら、エネルギーはグリコーゲンなど他の基質によっても生成されていることから、このようにCrPだけでエネルギーを生成するような状況が実際に生じることはない。その他、ADPの2つの分子からATPおよび**アデノシンーリン酸（AMP）**への反応も、少しではあるが無酸素性エネルギーの生成に貢献している。

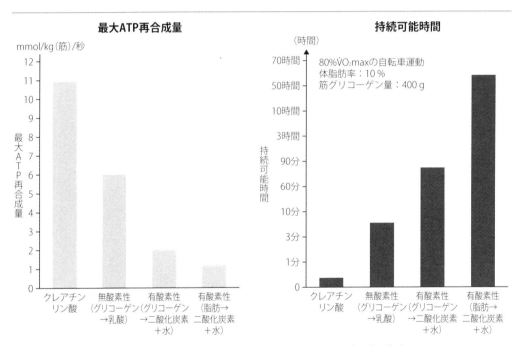

図31　無酸素性および有酸素性の各エネルギー供給過程のATP再合成量および運動可能時間
左図からは、無酸素性エネルギー供給過程による単位時間あたりのATP再合成量は、有酸素性エネルギー供給過程からのものよりもはるかに多いことがわかる。右図は、各エネルギー供給過程が唯一の供給源であり、そのエネルギー源を完全に使い尽くしたと仮定した場合、最大運動をどの程度の時間継続できるかを示している。実際には、複数のエネルギー供給過程が常に使われ、エネルギー源が完全に使い果たされる前に疲労に達する。右図の被験者となったアスリートは、体重70kg、体脂肪率10%、脚筋の筋グリコーゲン貯蔵量400gで、日頃からトレーニングをおこなっている。そのアスリートが80%最大酸素摂取量強度（4ℓ/分）で自転車運動をおこなったときの継続時間を計測したものである。これらの数値には個人差があり、性別、体格、食事摂取および体力レベルによって変化する。

$$ADP + ADP \rightarrow ATP + AMP$$

炭水化物は脂肪やタンパク質と異なり、唯一、無酸素性エネルギー供給過程を通してエネルギーを放出する基質である。無酸素性エネルギー供給過程における解糖は、食物から炭水化物として摂取され消化を経て体内に吸収されたグリコーゲンとグルコースが、最初にピルビン酸と呼ばれる化合物に分解され、そのあとに**乳酸**（lactate）が生じる過程であり、筋細胞の細胞質内で生じる（p.56、図28参照）。数秒以上続く運動において、利用されるエネルギーの大部分は、筋に貯蔵されているグリコーゲンの分解によるものである。

$$グリコーゲン + 3\,ADP + 3\,P \rightarrow 3\,ATP + 乳酸（2\,Lactate）$$

活動筋に貯蔵されているグリコーゲンはエネルギー供給に際しての主要な基質ではあるが、血中のグルコースも使われている。グルコースは、肝臓において、グリコーゲンあるいは乳酸のような化合物が分解されることによって作られ、血液中に放出される。同じグリコーゲンが利用される有酸素性エネルギー供給過程での反応と比較すると、最初にグリコーゲンからピルビン酸、そこから乳酸を産生しながらエネルギーを作り出す解糖系では、大量のグリコーゲンを消費することになる。無酸素性エネルギー供給過程で 1 molのグリコーゲン（180g）が乳酸に分解される過程ではたった 3 molのATPしか再合成されない。これに対して有酸素性エネルギー供給過程では、 1 molのグリコーゲンによって約39 molのATP、つまり無酸素性エネルギー供給過程の約13倍のエネルギーが再合成される。しかし、乳酸の産生を伴う解糖系はCrP分解と同じように迅速な反応であり、有酸素性エネルギー供給過程と比較して、単位時間当たりでより多くのATPを生成することができるので、最大強度での運動時には特に重要なエネルギー供給過程となる。例えば、100mスプリントのように、運動全体の総エネルギー需要は比較的小さいが、短時間に非常に大きなエネルギーが必要な場合などである。

　図32は、筋で産生された乳酸の流れを示している。乳酸は、安静時でさえ筋中にわずかに存在する。安静時の筋中の乳酸濃度は 1 mmol/kg（筋）で、量に換算すると90 mg/kg（筋）であり、安静時の血中の乳酸濃度は 1 mmol/ℓ である。乳酸は老廃物ではなく、むしろ多くのエネルギーを含む化合物である。乳酸は酸化されてエネルギーを放出するだけでなく、筋や心臓、肝臓といったさまざまな器官においてグルコースやグリコーゲンの産生に利用される。

　生理学的条件下では、酸塩基反応によって、乳酸は**乳酸イオン**（lactate ion）と**水素イオン**（hydrogen ion）[5]にほぼ完全に解離（分離）される。

$$乳酸（lactate）\rightarrow 乳酸イオン（[lactate]^-）+ 水素イオン（H^+）$$

すなわち、グリコーゲンから乳酸への分解は、筋線維の酸性度を高め（pH[6]を低下させる）、

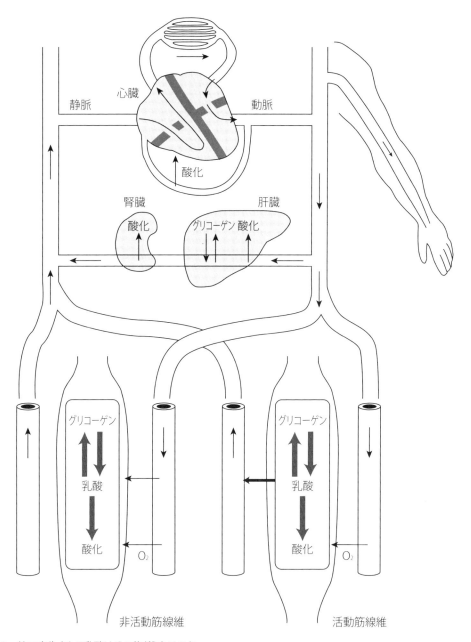

心臓

静脈　　　　心臓　　　　動脈

酸化

腎臓　　　　　　　　肝臓

酸化　　　グリコーゲン 酸化

グリコーゲン　　　　　　　　　　　グリコーゲン

乳酸　　　　　　　　　　　　　　　乳酸

酸化　　　　　O₂　　　　　　酸化　　　　O₂

非活動筋線維　　　　　　　　　活動筋線維

図32　筋で産生される乳酸はその後どうなるのか

乳酸の一部は筋に留まり、そこで蓄積されるか、あるいはミトコンドリアで酸化される。乳酸の一部は血流中に放出され、そしてエネルギー基質として乳酸を利用することができる組織や器官（心筋、肝臓、膵臓、非活動筋など）に分配される。また、乳酸のごく一部は、腕や手にも運ばれることから、おもに脚の筋を用いた運動であっても、腕から採取した血液からも乳酸の測定は可能である。

＊5　イオンとは、化合物を形成するために、正（＋）の電気もしくは負（－）の電気を帯びて結合した原子、または原子のグループである。溶液中では、化合物の正と負のイオンはそれぞれ、互いに解離する。水素イオン（H＋）は、溶液において酸性傾向を強める性質を持つイオンである。
＊6　pHは酸性度を測定する1から14のスケールである。pHの数値が低くなるほど、酸性度が高くなる。

疲労の蓄積に影響を及ぼすことになる（p.124〜126参照）。

1. 無酸素性エネルギー生成の測定

ランニングや自転車運動といった全身運動における、無酸素性のエネルギー代謝レベルを正確に測定する方法はない。血中の高い乳酸レベルは解糖系活性のひとつの指標であるが、無酸素性の代謝によって生成されるエネルギーの正確な測定項目としては、血中乳酸値を利用することは難しいだろう。その大きな理由は、乳酸が筋で産生されているのに対して、血中乳酸値は血液中で測定されていることにある。2〜10秒の短い時間の高強度運動において、乳酸は大量に産生されるが、血液中にはわずかな量しか蓄積されない。この矛盾は、乳酸が筋線維の外へ運搬されるのには限界があること、また血流配分は全身に渡っていること、そして筋から放出された乳酸のうちのごく一部しか血液に流入しないことによる。また、筋と血液との間で乳酸レベルが定常状態になる前に乳酸が体内へ分配されるため、採血する時点では、その大部分がすでに体内の細胞で使用されはじめているのである（図32参照）。

非常に激しい運動中には、乳酸濃度は安静時と比較して筋では40倍、血中では25倍高くなる。このことからもわかるように、激しい運動中の乳酸産生の正確な実態は、筋バイオプシーによって筋の乳酸値を直接測定することでしか把握できないのである。運動中の総無酸素性エネルギーの生成量を測定するには、無酸素性エネルギー供給過程に関連するATP、CrPおよび乳酸といった代謝産物の測定を、運動前と運動直後に筋バイオプシーによっておこなうことが必須である。筋バイオプシーにより、運動中に最も関与している筋、例えば自転車運動中の大腿筋群の筋標本を採取することができれば、筋の代謝産物の分析結果から体内での総エネルギー生成の指標が得られるであろう。代謝産物を正確に分析するためには、採取した筋バイオプシー標本において結合組織、脂肪、そして血管をきれいに取り除かなければならない。それから、筋バイオプシーで得られた筋線維成分の約75％を占める水分をすべて除去するために、凍結したうえで乾燥させる。これらの処理により、筋バイオプシーの乾燥重量は、最初の湿重量の約4分の1となる。筋バイオプシーによる分析は、教育、研究、競技スポーツの面で多くのアスリートにとって必要なものであるが、これらの手順が非常に複雑なうえ分析に時間がかかるため、広く利用されているわけではない。

2. 最大無酸素性パワー

無酸素性パワーは、酸素を消費することなく、筋で必要な大量のエネルギーをすばやく生成する能力を表わしている。**最大無酸素性パワー**（maximum anaerobic power）は、無酸素的に生成されたエネルギーが最大の効率で放出されるときの仕事量で示される。ATPおよびCrP

の枯渇割合あるいは解糖の割合が増加することは、最大無酸素性パワーが高まったことを示している。最大無酸素性パワーを発揮することは、例えば、陸上の短距離走（100〜400m）や、サッカーで守備から攻撃への切り替え時におこなうフィールドの半分以上の距離を全力疾走するような、短く爆発的なスピードを要するスプリントにとって大変重要である。無酸素性パワーを測定するために広く利用されている方法は、30秒間の最大運動を自転車ペダリングでおこなう**ウィンゲートテスト**（wingate test）である。このテストでは、自転車の負荷を0.07kg/kg（体重）に設定しており（体重70kgの人で約5kg）、毎分のペダル回転数が、テスト中に連続的に計測される。この計測値に基づいて、パワー出力値は次の式から計算される。

パワー出力値＝時間あたりの仕事量＝質量（運動負荷量）× 加速度 ×（距離/時間）

例えば、体重70kgの人の運動負荷量が70kg ×0.07kg/kg（体重）、加速度が10m/秒^2、および回転ピーク数が150回転数/分であった場合、ピークのパワー出力値は以下のようになる。
70kg × 0.07kg/kg（体重）× 10m/秒^2 ×（6m/回転数 × 150回/6秒）
＝4.9 ×（6 × 25）＝735J/秒 ＝ 735W

図33は、ウィンゲートテストでのパワー出力値の経時的変化を示している。数秒以内にその最大値に到達し、それ以降はテストの進行とともに値が徐々に低下していく。最も高いパワー出力値とテスト終了時のパワー出力値の差から、疲労の程度を示す**疲労指数**（fatigue index）の算出が可能である。最大無酸素性パワーは、図2（p.4）でも紹介しているように、無酸素性トレーニング（スピードトレーニングおよびスピード持久力トレーニング）、特にスピード持久力トレーニングの中の"乳酸産生トレーニング"によって改善させることができる。

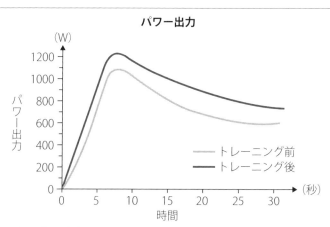

図33　ウィンゲートテストのパワー出力
テストは30秒間の最大スピードでの自転車ペダリング運動である。パワー出力値は30秒間で著しく低下し（高い疲労指数を意味する）、その最高値は無酸素性トレーニング前と比較してトレーニング後に有意に増加している。

3. 無酸素性能力

　無酸素性能力（anaerobic capacity）は、疲労困憊に至るような運動における無酸素性エネルギー（おもにグリコーゲンから乳酸への分解により生成されるエネルギー）の最大放出量から測定できる。多くのスポーツでは、選手はより長く高強度運動を持続するために、体内に蓄積されていく疲労の原因物質による影響を克服しなければならない。無酸素性能力は、陸上競技の中距離走（800〜3000ｍ）のような長い時間、高強度運動をする競技において重要である。例えば、高い無酸素性能力を持つアイスホッケー選手は、長時間にわたって高強度運動を繰り返しおこなうことが可能である。トレーニングは、疲労を引き起こす原因となる身体の酸性化やカリウムの蓄積をコントロールし、それらに耐えうる能力を向上させる。無酸素性能力を向上させるトレーニングは、図2（p.4）でも紹介しているように、スピード持久力トレーニングの中の"乳酸耐性トレーニング"である。

4. 血中乳酸濃度の測定

　低強度の運動でも乳酸は筋の中で産生され、血液中に放出されるが、同じ割合で血液から除去されてもいる。したがって、血中乳酸濃度のレベルは一定状態を示したままとなる。しかし、図34に示すように、運動強度が高くなると、運動強度に比例して血液中の乳酸の蓄積量は増えていくことになる。

　血中乳酸濃度の測定値は、選手のトレーニング状況を把握し管理する目的で広く利用されている。いわゆる**無酸素性作業閾値**（anaerobic threshold）は、その目的で使われている代表的な測定項目である。この閾値は、血中乳酸濃度が安定している範囲での最も高い運動強度を示す。つまり、筋からの乳酸放出率と、血液からの乳酸除去率が同じ値にとどまる運動強度の最高値である。理論的には、この閾値を少しでも上回る強度で運動すると、血中乳酸が顕著に蓄積されると考えられる。

　多くのスポーツ科学者やコーチは、無酸素性作業閾値に関する運動強度の指標として、血中乳酸濃度が4 mmol/ℓとなる強度を使用している。この値は、持久力を向上させるトレーニング強度として、トレーニングのコントロールに用いられている。しかし、この閾値を支持している理論には、いくつかの問題点がある。前述したように、大きな問題点は、乳酸は筋で産生されているのに対し、乳酸濃度は血中で測定されていることである。運動のどの時点においても、乳酸濃度は血中よりも筋中のほうが顕著に高い。それゆえ4 mmol/ℓの血中乳酸濃度は、筋における乳酸の産生と除去の最適な閾値を示しているものではない。さらに、運動強度と血中乳酸濃度との関係は、おこなわれるテストの内容に大きく左右される。図35は、各速度での運動継続時間が血中乳酸濃度に及ぼす影響を示している。同じ運動強度であっても、運動継続時間、運動間の休息の長さ、テストに用いた機器（例えばトレッドミルなのか自転車エルゴ

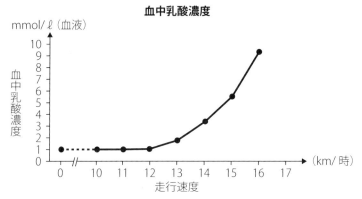

血中乳酸濃度

図34　走行速度と血中乳酸濃度の関係

走行速度が遅い場合は、乳酸産生率も低い。走行速度がある閾値（ここでは13〜14km/時）に達したとき、乳酸の産生率が有意に増加し、血中乳酸濃度が急激に上昇する。この閾値を超えるわずかな走行速度の増加でも、血中乳酸濃度の上昇率は大きくなる。

メータなのか）、血液採取の部位といった要素が異なれば、血中乳酸濃度の評価は違ってくる。したがって、実際には無酸素性作業閾値の決定は意味をなさず、トレーニング強度を管理する尺度として使用することは難しいだろう。それにもかかわらず、いくつかの持久系スポーツ種目のトレーニングで広く使用されているのが現状である。

　無酸素性作業閾値の概念については、持続可能な運動中の血中乳酸濃度でさえ大きな個人差があることが、その解釈を複雑にしている。**図36**は、同じ速度での定常走行テストにおける血中乳酸濃度の変化を示している。この研究では、同じ 4 mmol/ℓ の閾値を示していても、6 mmol/ℓ 近くの血中乳酸濃度で1時間以上継続して運動ができる者と、一方では 3 mmol/ℓ にあたる強度で短い時間しか運動することができない者がいることが示されている。つまり、推奨されている 4 mmol/ℓ レベルの血中乳酸濃度のトレーニング強度は、トレーニングをおこなう者によって低すぎる強度であり、ある人にとっては高すぎる強度であることがわかる。

　これに代わる、望ましいトレーニング強度を示す指標は、血中乳酸濃度とともに心拍数を測定することで確立できる可能性がある。しかし、多くの研究では心拍数もまたテストの種類によって数値が変化することから、この測定も適切なトレーニング強度を推測するには不十分かもしれない。加えて、心拍数は、例えば体内の水分バランスの違いにより、同じ運動負荷に対しても日によって有意に異なることもわかっている。

　このように、血中乳酸濃度は、適切なトレーニング強度の設定に使用できないことが示されている。しかしながら、体力レベルやトレーニング中の運動負荷の変化をモニターすることには利用できる。**図37**は、血中乳酸濃度の変化からみたトレーニング効果を示している。実際に、一定期間の有酸素性トレーニングは、乳酸の産生を減少させ、血中の乳酸除去率を増加させる。つまり、血中乳酸濃度が持久的能力の変化を反映していることは確かなのである。確立されたテスト方法はまだないが、一定期間のトレーニング前後で同じプロトコルで運動をおこなった

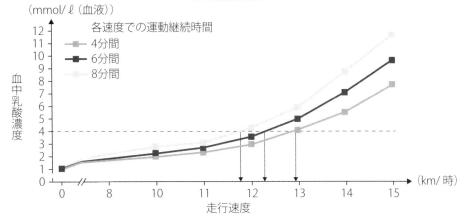

図35　運動継続時間が血中乳酸濃度に及ぼす影響
運動強度を同一にして、同じ走行速度での運動継続時間を4分、6分、8分に設定して運動をおこなった際に測定された血中乳酸濃度を比較した。血中乳酸濃度が4 mmol/ℓ（指導者が適切な運動強度として一般的に使用する強度）に達する走行速度（3つの垂直矢印）は明らかに異なっている。

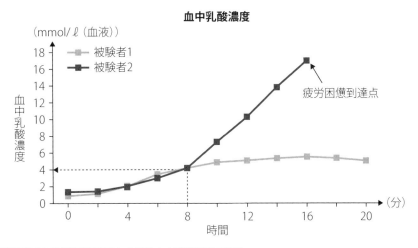

図36　同じ速度での定常走行テストにおける血中乳酸濃度の変化
被験者1、2ともに同じ速度での定常走行テストをおこなった。どちらも8分後には4 mmol/ℓの血中乳酸濃度に達していた。しかしながら、被験者1はその走行速度で容易に走り続けられたのに対し、被験者2の血中乳酸濃度は著しく上昇し、16分の時点で疲労困憊に至り、走れなくなった。

際の血中乳酸濃度の値を比較する方法は、トレーニング効果を検証するのに有効であるといえる。また、血中乳酸濃度の測定はトレーニング中の負荷レベルに関する情報とともに、そのトレーニングによってどのエネルギー供給システムが刺激されているかという情報も提供してくれる。したがって、もし血中乳酸濃度の測定を賢く使用できれば、トレーニングをより効果的

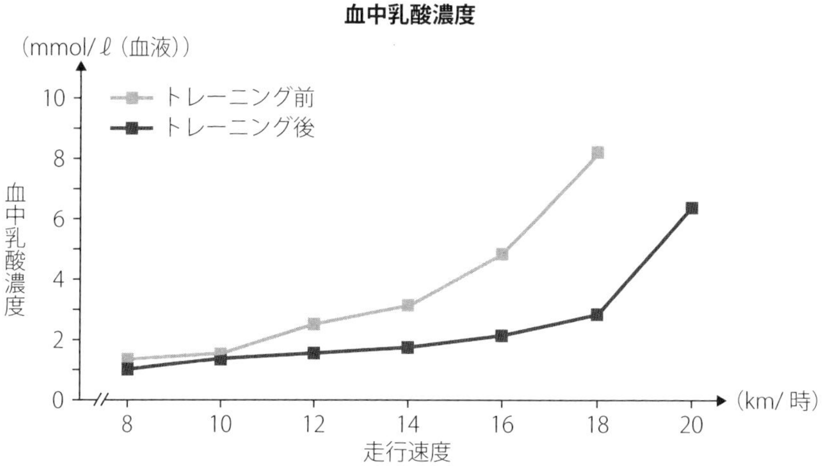

図37　血中乳酸濃度の変化からみたトレーニング効果
一定期間の有酸素性トレーニングをおこない、そのトレーニング前とトレーニング後の変化を各速度で6分間走行する漸増負荷運動テストの結果で比較した。トレーニング後に乳酸カーブが右へシフトし、有酸素性トレーニングによって持久力が改善されたことを示している。

におこなう際の大きな手助けとなるであろう。

5. 有酸素性エネルギーの生成

　栄養素である炭水化物と脂肪は、おもに有酸素的にエネルギーを生成する基質として使用され、また同様にタンパク質も使用される。これらの酸化過程では水と二酸化炭素が生じる。

$$炭水化物（グリコーゲン）+ 6O_2 + 39ADP + 39P$$
$$\rightarrow 6CO_2 + 6H_2O + 39ATP$$

$$脂肪（パルミチン酸）+ 23O_2 + 129ADP + 129P$$
$$\rightarrow 16CO_2 + 16H_2O + 129ATP$$

　二酸化炭素は、呼気によって体から排出される。炭水化物と脂肪の分解の最初のステップは、細胞質内で起こり、次の段階はミトコンドリア（図28、p.56参照）で生じる。ミトコンドリアは筋線維の中に多く存在し、細胞の発電所とも呼ばれる。ミトコンドリアでの分解のプロセスは、脂肪と炭水化物の双方に対して同様におこなわれる。ミトコンドリアにおける最初の反応は**クレブス回路**（Krebs cycle、図28）でおこなわれ、最後の段階は**電子伝達系**（electron transport chain）でおこなわれる。後半の段階では、酸素が消費されて二酸化炭素が生じ大

表7　ATP生成のための無酸素性エネルギー供給過程と有酸素性エネルギー供給過程の概要

無酸素性エネルギー供給過程

ATP → ADP + P + エネルギー

CrP → クレアチン + ADP + ATP

グリコーゲン(またはグルコース) + ADP + P → 乳酸 + ATP

有酸素性エネルギー供給過程

グリコーゲン(またはグルコース) + O_2 + ADP + P → CO_2 + H_2O + ATP

脂肪 + O_2 + ADP + P → CO_2 + H_2O + ATP

たんぱく質 + O_2 + ADP + P → CO_2 + H_2O + ATP

量のエネルギーが放出されて、ATPの再合成に使われる。その後、ATPはミトコンドリアから細胞質へ運ばれ、筋収縮という力学的作業の動力として使用される。

　ミトコンドリアで使われる酸素は大気中から肺に入り、血液を通して細胞に運ばれる。筋線維においては、少量の酸素がタンパク質であるミオグロビンと結合して保存されているが、それらの酸素は必要に応じてすばやく放出される。運動後にはより多くの酸素が細胞に運ばれ、再びミオグロビンと結合する。ミオグロビンと密接に結びつく酸素の総量は、およそ1/2ℓである。加えて、少量の酸素はヘモグロビンと結合して、わずかな量が筋中の血液に溶け込む。これらの酸素供給は有酸素性エネルギー供給過程ですばやく利用される。

　表7に、エネルギー(ATP)生成に関する無酸素性および有酸素性エネルギー供給過程の概要を示す。

◆要約と学習課題

要約

　運動の開始時、運動強度の増加時、そして高強度の運動時には、エネルギーは無酸素性エネルギー供給過程によって供給される。ATPを生成するおもな無酸素性エネルギー供給過程には、基質としてクレアチンリン酸(CrP)と炭水化物が使用される。解糖系のエネルギー供給過程ではグリコーゲンが分解されて乳酸を産生し、そのうちのいくらかは血液へ流出する。それゆえ、血中での乳酸の蓄積は、無酸素性エネルギー生成に関するいくらかの情報をもたらすため、最大下運動中の血中乳酸濃度の測定は、その選手の持久力の推定に利用できると考えられる。有酸素性エネルギー供給過程においては、おもにミトコンドリアでの炭水化物と脂肪の分解から有酸素的にエネルギーが作られる。

復習問題

1. ATPを無酸素的に生成することのできる3つのプロセスを説明しなさい。
2. 基質としてのグリコーゲンが乳酸産生に利用されることは、それが酸化のために利用されることとどのように異なるか？
3. なぜ筋の酸性度は乳酸が作られると高くなるのか（pHが低下するのか）？
4. 運動中に血流に放出された乳酸はその後、どうなるかを説明しなさい。
5. 最大下運動強度での運動中に、血中乳酸の蓄積に影響を与える3つの要素をあげなさい。
6. なぜ最大下運動強度における血中乳酸濃度が、トレーニング状態の評価に使用可能なのか？
7. 炭水化物が基質として使われる場合、どのくらいのATPが有酸素性エネルギー供給過程を通して産生されるか？　また、脂肪が基質である場合はどの程度ATPが産生されるか？

計算問題

　体重が80kgの人が0.08kg/kg（体重）の負荷でウィンゲートテストを実施した。ペダルの回転数は、テスト中に連続的に記録した。

1. 各時間におけるパワー出力値を計算しなさい（車輪を加速するために必要な力は考慮しないものとする）。重力加速度（G）は10m/秒^{2}として、上記の表に値を入力しなさい。
2. x軸を時間、y軸をパワー出力値とし、xyグラフで結果を示しなさい。
3. 最大パワー出力値と疲労指数を示しなさい。
4. ウィンゲートテスト中のパワー出力に対して、スピード持久力トレーニング（無酸素性）の効果を説明するためのグラフを推測して描きなさい。

時間(秒)	0-2	2-4	4-6	6-8	8-10	10-15	15-20	20-25	25-30
ペダル回転数（回）	2.5	4.0	5.0	4.5	4.0	8.5	7.0	6.5	6.0
パワー出力									

第8章 運動中におけるエネルギー変換

Energy turnover during exercise

　安静時の筋におけるエネルギー供給は、おもに有酸素性エネルギー供給過程を通しておこなわれるが、無酸素性エネルギー供給過程もわずかながらその一端を担っている。一方、運動時には筋代謝の増加に伴い、有酸素性および無酸素性の双方からエネルギー供給がおこなわれるようになる。スポーツ種目によっては100mスプリントやマラソンのように、非常に高い運動強度あるいは中強度の運動強度が競技終了まで大きく変化しない種目もあるが、ほとんどのスポーツ種目では、競技中に運動強度は変化する。クロスカントリースキー競技や自転車ロード競技でさえ、その運動強度は絶えず変化している。例えば、集団を抜け出すシーンや坂道を上がったり下ったりするシーンを想像すると、その運動強度が一定ではないことが理解できるだろう。さらに、球技系スポーツ種目でもその運動強度は絶えず変化し、長時間におよぶ試合の最後の場面では、スプリントのような高強度運動がしばしば要求される。例えば、サッカーの試合における各選手たちの動きの変化は1000回を超えることが知られている。つまり、運動時に利用されるエネルギー供給過程は、おこなっている運動の種類や運動強度によって異なるのである。この章では、運動の種類とエネルギー供給過程の関係について解説する。

1. 持久的な運動時におけるエネルギー変換

　図38に示すように、運動開始（中程度の運動強度）から運動後にかけてのエネルギー供給は、3つの段階に分けて考えることができる。運動開始時においては、酸素摂取量は急激に増加し、その後は緩やかに増加する。この初期段階における酸素摂取量は、活動筋で必要とするエネルギー需要を有酸素性エネルギー供給過程だけで賄うのに十分な酸素量ではない。このような、エネルギー需要に対する酸素必要量と実際の酸素摂取量の差は**酸素借**（oxygen deficit）と呼ばれる。この不足分のエネルギーは無酸素性エネルギー供給過程から借りる形で埋め合わせがおこなわれている。酸素借にともなうエネルギーの不足分は、以下の方法で供給される。

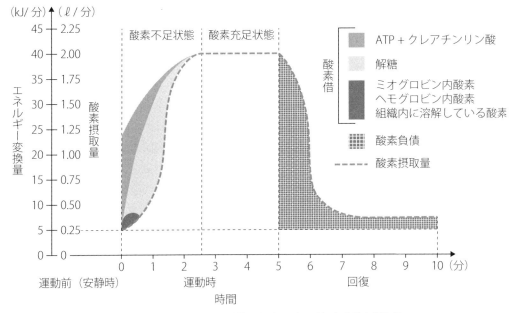

図38　5分間の最大下運動時の運動前、運動中、運動後におけるエネルギー源と酸素摂取量

- 細胞内のアデノシン三リン酸（ATP）およびクレアチンリン酸（CrP）の利用
- 解糖系の動員（乳酸の産生）
- ヘモグロビンが結合している非常に少量の酸素を利用した酸化反応、筋の血液中に溶解している酸素を利用した酸化反応および、筋線維内のミオグロビンに結合している酸素を利用した酸化反応（つまり酸素借分を補うために、実際には有酸素性エネルギー供給過程からもわずかながらエネルギーが供給されている）

　酸素借が生じるおもな理由は、筋内での血液からの酸素抽出能力が時間的に間に合わないだけではなく、活動筋に対して十分な量の血液をすばやく供給できる循環システムが、ヒトには備わっていないことも起因している。したがって、運動強度が高くなればより多くの酸素借が生じることになる。中強度の運動では、血中の乳酸レベルは最初の数分間は上昇するが、その後、安静時レベル近くまで低下する。一方、高強度の運動では血中乳酸濃度は高値を示したまま維持されるか、上昇し続けることになる。

　動いていない安静状態では、心拍出量や酸素抽出量は定常のレベルに達しており、体内の酸素摂取量はエネルギー需要量と同等レベルとなる。このような状態は、運動強度が低強度から中強度の場合でも維持される。通常は運動開始から2～3分で、酸素摂取量は定常状態となる。運動強度が高くなるほど酸素摂取量の増加も早くなり、もしも運動強度が高ければ、酸素摂取量は初期の増大後、定常状態を示すことなく運動終了まで緩やかに増加する。この緩やかに増

加する相は、実際の運動時の酸素摂取量と、その強度で定常状態になったと仮定した際に必要な酸素摂取量の差であり、**緩慢相**（slow component）と呼ばれているが、その機序はまだ明らかになっていない。

　運動後は、運動を止めても酸素摂取量は直線的には低下しない。これは、安静時に戻ったあとのエネルギー供給を賄うためだけでなく、運動初期に生じた酸素借の埋め合わせや、運動終了後の心拍数の増加や呼吸数の増加といった、生体のさまざまな需要に見合うエネルギー供給を継続しなければならないからである。運動後、酸素摂取量が減少する段階は2つに分けられる。運動終了後の短い時間で急速に減少する段階と、その後安静状態に至るまで1〜2分続く段階の2つである。このように運動終了後追加的に摂取される酸素のことを**酸素負債**（oxygen debt）と呼んでいる。長時間の運動後では、酸素摂取量の増加が24時間以上に渡って継続することもある。酸素負債が生じる要因はいくつかあり、ATPの再合成やクレアチンリン酸の再合成、ヘモグロビンやミオグロビンが酸素と再結合するためのエネルギー利用、乳酸の除去、グリコーゲンの再合成などである。そして、これらの作用に必要なエネルギーを供給するために、呼吸数、心拍出量や体温が上昇してそれに応えるのである。

❶最大下強度での持続的運動

　最大下強度での運動は、大きく分けて中強度での持続運動（運動時間が30分以上）と高強度の持続運動（運動時間が6〜30分）とに分けて考えることができる。

　運動の継続が30分以上の最大下中強度運動では、おもに有酸素性の過程によってエネルギー供給がおこなわれる。また、無酸素性エネルギー供給過程は、運動の立ち上がり時（スタート時）や一時的に運動強度の変化が生じたとき、またレース終盤のスプリント時に利用される。最大酸素摂取量の60%以上となる運動強度では乳酸の産生が顕著になり、運動強度の増加に伴ってその産生量も増加する（図34参照）。長時間にわたって維持される最も運動強度が高い最大下運動を発揮しているのが、一流のマラソンランナーである。彼らは、最大酸素摂取量の90%をわずかに超える酸素摂取量で時速約20kmのランニングを継続し、2時間6分台でゴールする。

　6〜30分の最大下高強度運動時は、無酸素性の過程がエネルギー供給に大きく貢献する。炭水化物を基質としたエネルギー生成は単位時間当たりでは非常に大きいことから、炭水化物の分解によるエネルギー生成の貢献割合は、運動強度が上がるにつれて増加する。しかしながら、総エネルギー供給量に対する、無酸素性のエネルギー供給量の割合はわずかである。このような、相対的な運動強度を高く維持できるアスリートの例としては、陸上競技の5000m走（約13分のレース時間を時速23kmで走行）や10000m走（約27分間のレース時間を時速22kmで走行）の一流ランナーである。彼らは、5000mでは最大酸素摂取量の98%程度、10000mでは95〜96%程度の酸素摂取量を要するスピードで走っている。

❷最大酸素摂取量強度を超える強度での持続的な運動

最大酸素摂取量強度を超える強度の運動は大まかに、以下のように分類することができる。

- 最大強度での運動（0〜10秒間）
- 高強度での運動（10〜120秒間）
- 最大酸素摂取量をわずかに超える強度での運動（2〜6分間）

　表8に、有酸素性エネルギー供給過程と無酸素性エネルギー供給過程で利用されるエネルギーの貯蔵量と基質をまとめている。最大強度での運動で要求されるエネルギーは、エネルギーの供給速度が速いことから、おもに無酸素性の過程から供給されている。例えば、ジャンプ動作の踏切局面は、1秒にも満たないほんのわずかな時間であるが、そのエネルギー供給のほとんどは筋内に貯蔵されている少量のATPと、CrPの分解により再合成されたATPで賄われる。最大強度の運動例として、陸上競技の100m走が挙げられる（トップレベルの選手たちは10秒を切るタイムでゴールする）。このときのエネルギー供給は、貯蔵されたATPやCrPによるエネルギー供給が大きく貢献し、またグリコーゲンを用いた有酸素性の過程でのエネルギー供給もわずかに動員されてはいるが、おもなエネルギー供給源は乳酸の産生を伴う無酸素性の解糖系である。

　筋のATP貯蔵量はごく少量であるため、非常に速く枯渇する（表8参照）。しかしながら、ATPの再合成もすばやくおこなわれるので、非常に激しい運動時でさえも、ATP濃度が安静時の50%を下回ることはない。筋内にCrPが貯蔵されているのでATPはすばやく再合成されるが、CrPの貯蔵量は限られているので、それらが全部使い果たされる可能性もある。したがって、運動開始後はグリコーゲンの分解（解糖）もただちに始まり、それに伴って乳酸の産生も始まる。6秒間の最大運動をモデルとした研究では、無酸素性エネルギー供給過程のATP–CrP系と解糖系がそれぞれ約50%ずつ関与していることが報告されている。そして運動が終了するとATPとCrPはすばやく再合成される。どの程度早くこの再合成をおこなうことができるかは、

表8　各エネルギー供給過程における、エネルギー基質の貯蔵量、エネルギー供給速度、最大パワーに到達するまでの時間

エネルギー供給過程	エネルギー貯蔵量 (mmol/kg(筋))	エネルギー供給速度 (mmol/kg(筋)/秒)	最大パワーに到達するまでの時間
無酸素性エネルギー供給過程			
ATP	5	4	＜1秒
Cr	20	3	＜1秒
炭水化物→乳酸	1,300	1.5	〜10秒
有酸素性エネルギー供給過程			
グリコーゲン→CO_2＋H_2O	70,000	0.6	〜2分
脂肪→CO_2＋H_2O	8,000,000	0.3	〜30分

＊：すべての値は平均値であり、大きな個人差がある。

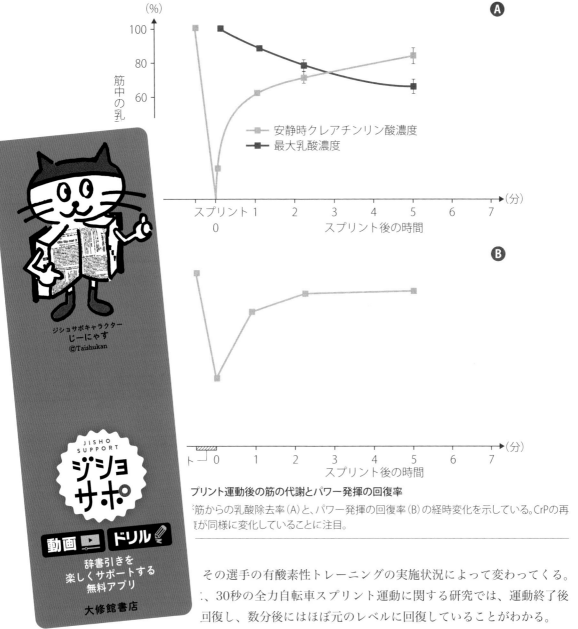

(%)

安静時クレアチンリン酸濃度
最大乳酸濃度

スプリント 1　2　3　4　5　6　7 （分）
0　　　　　　スプリント後の時間

Ⓐ

Ⓑ

スプリント 0　1　2　3　4　5　6　7 （分）
スプリント後の時間

プリント運動後の筋の代謝とパワー発揮の回復率
筋からの乳酸除去率（A）と、パワー発揮の回復率（B）の経時変化を示している。CrPの再
量が同様に変化していることに注目。

その選手の有酸素性トレーニングの実施状況によって変わってくる。
、30秒の全力自転車スプリント運動に関する研究では、運動終了後
回復し、数分後にはほぼ元のレベルに回復していることがわかる。

　重要なことは、6秒間の最大運動時には相当量の乳酸が産生されるが、解糖系のエネルギー
供給を最大にするためには時間が短すぎるということである。有酸素性エネルギー供給過程に
よるエネルギー供給もまた限られており、呼吸数や心拍数は急激に増加するが、活動筋で要求
される量の酸素運搬に応えるには間に合わない。つまり、非常に短時間の運動（5秒以内）で
は、肺の酸素摂取量を急激に増加させることができない。しかしながら、この種の運動開始時
には、局所的に貯蔵されている酸素（ミオグロビンやヘモグロビンと結合している酸素や血液

中に溶解している酸素）を利用することは可能である。それにもかかわらず、この場合のエネルギー供給に対する有酸素性エネルギー供給過程の量的な割合は非常にわずかであり、6秒間の最大運動時においては全体の約5％にすぎない。しかし一方で、このような運動のあとにはとりわけCrPの再合成をするために摂取された酸素のかなりの量が利用される。

　10秒以上の高強度運動では、より効率的なATPの利用が要求される。しかし、この短時間では心臓循環系はその機能を最大限に発揮できないので、結果としてCrPは徐々に枯渇していく。さらに運動時間が長くなると、そのエネルギー供給の大部分は解糖系から賄われることになる。**図40**は、30秒間の運動中のATP-CrP系と解糖系による無酸素性エネルギー生成の割合を示している。30秒間の最大運動中には、ATP-CrP系によるエネルギー供給は無酸素性エネルギー供給過程全体のわずか20％であり、残り80％は解糖系で賄われる。また、この場合の有酸素性エネルギー供給過程からのエネルギー供給は全体の約15％にとどまる。しかし、数分間の超最大運動時には、有酸素性エネルギー供給過程の貢献度合はより高くなる。**図41**に示しているように、活動する脚の筋と活動しない反対脚の筋を比較分析した研究によると、約110％最大酸素摂取量強度の運動を3分間おこなった場合、有酸素性エネルギー供給過程によるエネルギー供給は全体の77％に達した。

2. 間欠的運動中のエネルギー変換

　図42は、1人のサッカー選手の試合中における動きのスピードの変化を一定時間（試合の前半）記録したものである。速い動きの時間、それほど速くない動きの時間、止まっている時間が入り混じっている。このような、運動時間と運動強度が変化し、合間に不規則な時間の休息が組み合わさった運動を**間欠的運動**（intermittent exercise）という。バスケットボールやサッカーをはじめとした多くのスポーツ種目の運動は、間欠的運動とみなすことができる。運動の合間に休息を設けるやり方は、高強度での運動量を一定時間の中でより多く確保できることから、多くのスポーツ種目のトレーニングにも取り入れられている。

　多くの研究によって、間欠的運動時においては単位時間当たりの運動の長さと強度が、筋や血中での乳酸の蓄積および疲労進行度合いの重要な要因になることが証明されている。高強度での自転車運動をおこなった研究によると（**図43 Ⓐ**参照）、運動が休息なく持続的に実施された場合には約3分で疲労困憊となる運動負荷で、1分間の運動後に2分間の休息を挟んでおこなうと、疲労困憊までの時間は24分まで延長され、血中乳酸の値は15mmol/ℓ であった。一方、同じ負荷での10秒間の運動を20秒の休息を挟んでおこなうと、30分を優に超える運動継続が可能となり、血中乳酸も3 mmol/ℓ 以下を維持することができた。つまり、間欠的な運動様式を用いることによってトータルの運動量を増加することが可能となり、1回の運動時間が短くなるにつれて、その効果は大きくなった。

　最大酸素摂取量強度以下での、短時間の間欠的運動におけるエネルギーは、おもに貯蔵ATP

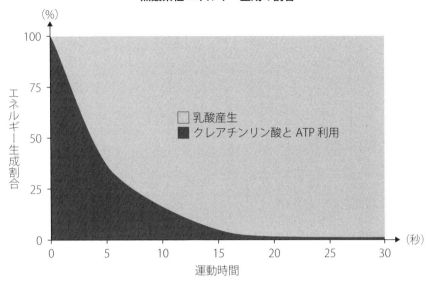

図40　30秒間の最大運動中のATP-CrP系と解糖系による無酸素性エネルギー生成の割合

総無酸素性エネルギー生成量を100%として示す。乳酸の産生を伴う解糖系によるエネルギー生成の割合は時間経過に伴って増加し、ATP-CrP系によるエネルギー生成の割合は減少する。

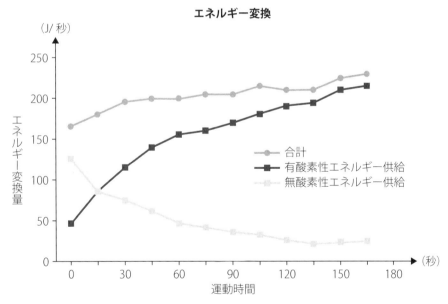

図41　3分間の最大運動時のエネルギー変換

約110%最大酸素摂取量強度で、片足運動を疲労困憊時までおこなった際の運動中の総エネルギー量、無酸素性エネルギー供給過程と有酸素性エネルギー供給過程でのエネルギー供給量の経時変化。総エネルギー量に対する無酸素性エネルギーと有酸素性エネルギーの割合は、それぞれ77%と23%であった。運動中、総エネルギー量が一定にならないことに注目。

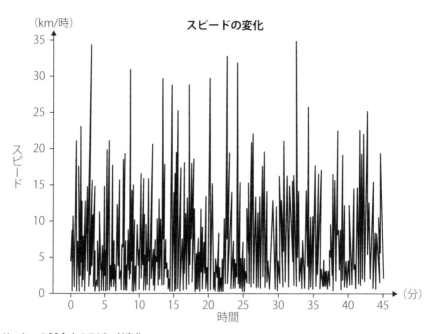

図42 サッカーの試合中のスピード変化
ある選手の前半45分間の間欠的な動きを示している。高強度の運動の間には、低強度の運動や休息している時間帯がみられる。

の利用やCrPの利用、ならびに有酸素性エネルギー供給過程からのエネルギー供給で賄われる。また、ヘモグロビンやミオグロビンなど末梢での酸素貯蔵が、おもに有酸素性エネルギー供給過程でのエネルギー供給に利用される。運動間の休息時では、血液によって運搬された酸素はATPやCrPの再合成に利用される。休息時における乳酸産生を伴う解糖系からのエネルギー供給はわずかであることも、この種の運動実践を容易にしている要因となっている（**図43 B**参照）。

　別の実験では、トレッドミル上でのランニングを10秒の休息を挟みながら、20秒間繰り返す運動をおこなった。ランニングスピードが22.75 km/時だと、運動中の酸素摂取量は最大酸素摂取量となり、25分しか運動を継続できなかった（**図44 Ⓑ**）。一方で、ランニングスピードを22 km/時で同じ運動をおこなうと、運動時の酸素摂取量は最大酸素摂取量の90％に抑えられた。また、血中乳酸濃度はより低くなり、運動時間も60分に延長された（**図44 Ⓐ**）。これらの結果は、運動強度はエネルギー変換に対して重要な要素であり、疲労の進行にも影響を与えることを示す。間欠的運動における休息時間はその次に重要であり、休息時間が長くなると筋内や血中における乳酸の蓄積はより少なくなると考えられる。

　高強度の間欠的運動を継続していくと、パフォーマンスは徐々に低下していく。それと同時に、それぞれの運動中における乳酸の産生も低下していく。例えば、30秒の休息を挟み、6秒間の最大強度での自転車スプリント運動を10セット繰り返す実験では（**図45**参照）、最終セットで27％のパフォーマンスの低下が確認された。また、最終セットにおける総エネルギー供給

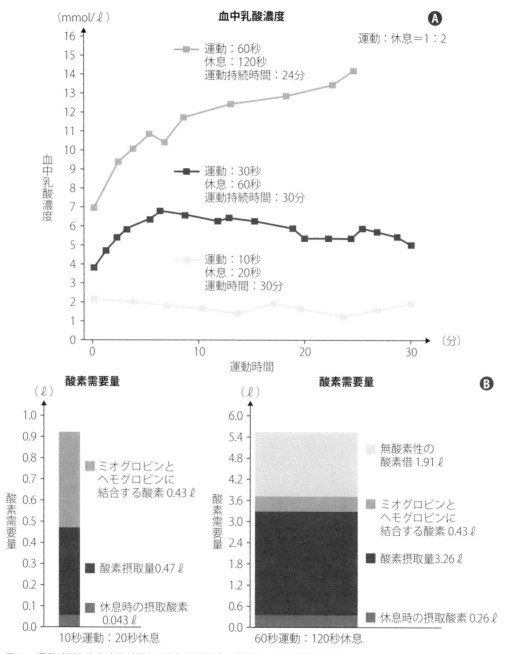

図43　運動時間と休息時間が異なる間欠的運動中の乳酸レベルと酸素需要量

Ⓐ：運動時間と休息時間が異なる3種類の、約30分の自転車運動中の血中乳酸濃度の経時変化。総運動エネルギー量は247 kJで運動強度は412W。3種類の間欠的運動は、1回の運動時間が10秒、30秒、60秒で、運動時間と休息時間の割合はすべて1:2でおこなった。この強度で、休みなく運動を続けたときの疲労困憊到達時間は3分であった。60秒の運動時間でおこなったときには24分後に疲労困憊に到達した。しかし、10秒と30秒の運動時間でおこなったときは、両方とも30分運動を続けることができ、乳酸の蓄積レベルは60秒でおこなったときよりも低かった。

Ⓑ：Ⓐの10秒と60秒で1回の運動時間でおこなった間欠的運動時の、それぞれの酸素需要量と酸素の供給源。

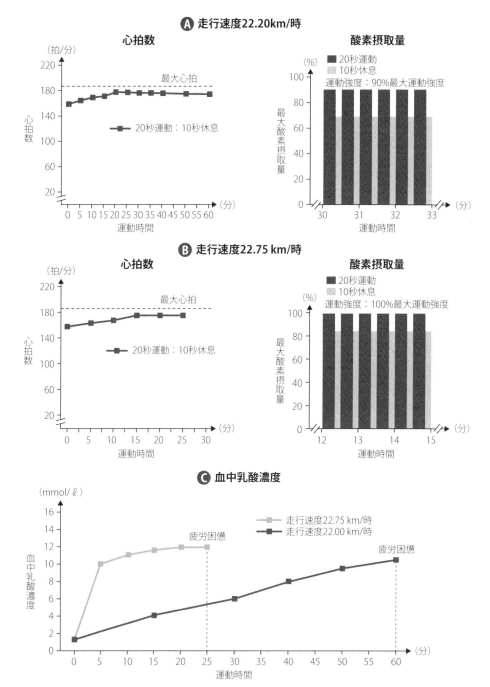

図44 運動強度が心拍数、酸素摂取量、血中乳酸濃度に及ぼす影響

トレッドミルでの20秒のランニング運動を10秒の休息を挟みながら継続しておこない、走行スピードを22.00km/時と22.75km/hに設定して違いを比較した。酸素摂取量は、時速22.75km/hでは最大値に到達しているが（**B**）、22km/時では到達していない（**A**）。さらに22.75km/hでは、疲労困憊に至るまでの時間は50%以上早くなっており、血中乳酸濃度はより速い速度のほうが高いが、疲労困憊時の最終的な値は同じである（**C**）。

量に対する無酸素性のエネルギー供給量の割合は、1セット目の約1/3であった。さらに、最初のセットでは、無酸素性のエネルギー供給量全体の約50%が解糖系で賄われたのに対し、最終セットでは16%まで減少し、乳酸の産生もより少なくなっていた。

　間欠的運動中のそれぞれのセットでの運動開始時は、前のセットのエネルギー必要量を埋め合わせるための酸素供給が不十分であることから、酸素借が生じる。これらの酸素借は、それぞれの運動後の酸素摂取量の増加にもつながる。したがって、運動間の休息時間が極端に短ければ、酸素摂取量はその後のセットの開始前でも、セットを追うごとに増加する（図46 ❹ 参照）。また、高強度運動を繰り返す場合には、筋における酸素摂取量が最初の高強度運動時よりも、運動開始時にすでに高くなることが報告されている（図46 ❸ 参照）。これはすなわち、酸素借が最初の運動時よりも少なくて済むことを意味している。しかし、それにもかかわらず、間欠的運動においてはそれぞれのセットの運動時に酸素借は生じ、運動後の酸素負債も毎回生じることになる。数秒間のスプリントの反復もまた、それぞれのスプリント後の酸素摂取量を増加させる。これらの研究結果から、仮にセットごとの運動の時間が短時間であったとしても、高強度運動を反復する際には有酸素性エネルギー供給過程が重要な役割を果たしていることが理解できる。

　間欠的な運動と持続的な運動とでは、動員される筋線維の種類も大きく異なる。中強度の持続運動時には、ST線維がおもに動員される一方で、高強度持続運動（最大酸素摂取量の70%以上）になると、ST線維とFT線維の双方が動員されることになる。つまり、持続的な運動では運動開始から数時間後に動員されると考えられているFT線維を、間欠的運動であるインターバルトレーニングではすぐに動員することができる。強度の高いトレーニングをおこなうことによって得られるこの効果は、短時間の高強度運動が頻繁におこなわれるスポーツ種目で有益となることを意味している。加えて、同等の持続的な強度での運動と比較して、グリコーゲンの利用と血中乳酸の蓄積は間欠的な運動時ではより少なくなる。したがって、動員された筋が

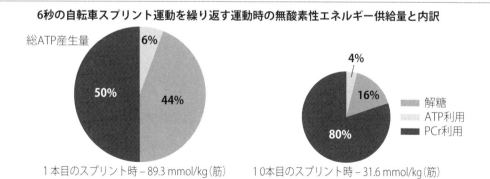

図45　6秒のスプリントを繰り返す自転車運動時の、最初の1本目と最後の10本目の総無酸素性エネルギー供給量とその内訳

10本目には、総無酸素性エネルギー供給量と解糖系のエネルギー供給量が有意に減少していることに注目。

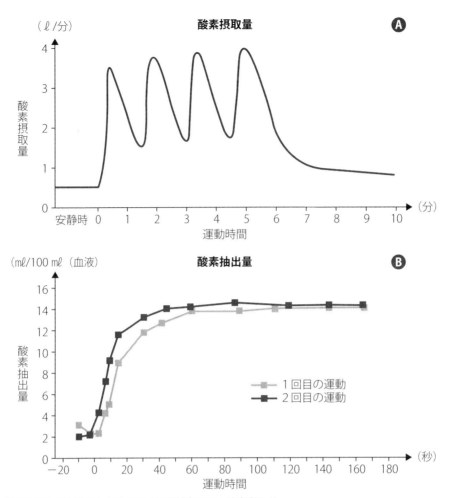

図46　高強度間欠的運動前および、運動中の酸素摂取量と酸素利用量

Ⓐ：60秒の休息を挟んでおこなった、30秒の間欠的運動中の酸素摂取量変動。本数が増えるに従って運動時の酸素摂取量が増えていることに注目。

Ⓑ：6分間の休息を挟んで2回おこなった、3分間の片足膝伸展運動中の酸素抽出量の変動。運動の経過に伴って酸素抽出量、つまり酸素摂取量は増加し、1回目よりも2回目の方が運動開始からの酸素利用量増加の立ち上がりが早くなることに注目。

疲労状態に陥るまでの時間が長くなり、より長い時間をトレーニングに充てることが可能になる。

　重要なことは、間欠的な運動を用いた多くの科学的研究では、その運動強度や時間を故意に一定に保っているが、実際のスポーツ種目の多くは運動強度や時間が不規則で、予測不能ということである。したがって、球技系のようなスポーツ種目の、運動時における身体的な負荷や生理学的な応答を評価することは、実験室内での測定からでは難しいと考えられる。

3. スポーツにおけるエネルギー変換

　ほとんどのスポーツにおいてエネルギーは、有酸素性、無酸素性双方のエネルギー供給過程から供給される。異なるタイプのトレーニングを計画することや、その優先順位を決めるには、さまざまなエネルギー源からの相対的な貢献度合いを考慮する必要がある。正確な推測は不可能ではあるが、マラソンのような全身運動中のエネルギー源の相対的貢献度合いの推測は、ある程度の信頼性を持つ。この推測における大きな問題は、無酸素性エネルギー供給過程の相対的な貢献度合いを測定することの難しさにある。球技系種目においては、ゲーム中に運動強度が常に変化することから、その分析はさらに複雑となる。さらに、技術的、戦術的な制限だけでなく、身体能力による個人差もこれらの運動中のエネルギー供給量に影響を与えていると考えられる。

　ランニングやその他の、より安定した持続的運動における有酸素性および無酸素性のエネルギー供給の貢献割合の平均的な値を図47に示した。これは、トレーニングをオ計画するための1つのガイドとして利用できる。球技系種目やその他の間欠的な高強度運動で構成されるスポーツ種目では、試合中の生理学的測定やその運動様式の観察が、その種目で使われるエネルギー要求量のイメージを形成するために役立つだろう。

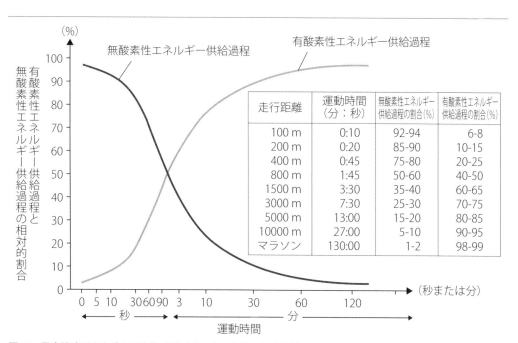

図47　最大強度でさまざまな時間、運動をおこなった際の有酸素性エネルギー供給過程と無酸素性エネルギー供給過程の貢献割合

数値は、良くトレーニングされたアスリートにおける平均値だが、数値には非常に大きな個人差が存在する。

◆要約と学習課題

要約

　運動中のエネルギー供給過程は、運動の強度や時間、種類によってその様式が異なる。強度が高い短時間の運動では、無酸素性エネルギー供給過程がおもなエネルギー供給源となる一方で、持続的な運動時には有酸素性エネルギー供給過程が主要となる。

　運動強度に加えて、間欠的運動時ではその強度での運動時間や運動の合間の休息時間によって、どのエネルギー供給過程が利用されるかが決定される。1回の運動時間が数秒以内の運動時間では、乳酸の産生は限られる一方で、長い時間にわたり高強度での運動が継続する場合には、相当量の乳酸が産生される。

復習問題

1. 酸素借とは何か？
2. 酸素借に利用されるエネルギーはどれくらいか？
3. 酸素負債とは何か？
4. 最大酸素摂取量強度での運動時のエネルギーは何か？
5. 6秒間の最大運動強度での運動時のエネルギー供給源は何か？また、それぞれのエネルギー源の相対的なエネルギー供給割合はどのようになるか？
6. 3分間の激しい運動中における有酸素性、無酸素性エネルギー供給過程の貢献割合はどれくらいか？
7. 間欠的運動における運動時間と休息時間は、血中乳酸反応にどのような影響を与えるか？
8. 激しい運動の反復は解糖系にどのような影響を与えるか？
9. どの筋線維が間欠的な運動において動員されるか？また、この動員は持続的な運動と比較してどのように異なるか？
10. 持続的な運動をおこなった場合、3分しか運動の継続ができない運動強度を、10秒間の運動に20秒間の休息を挟む間欠的な運動でおこなうと、なぜ1時間程度運動を継続することが可能なのか？
11. 10秒間の運動と休息、または30秒間の運動と休息の間欠的運動中におけるエネルギー生成の違いを説明しなさい。

計算問題

　体重60kgの女性が10秒間の最大強度の運動を自転車でおこなった。この女性の大腿部より筋バイオプシーを運動の前後に実施し以下のデータを得た。

エネルギー源	運動前の筋内含有量 （mmol/kg（筋））	運動後の筋内含有量 （mmol/kg（筋））
ATP	5	4
クレアチンリン酸	20	10
乳酸	1	11

1. 筋における 1 kgあたりの無酸素性エネルギー供給過程からのエネルギー供給量を計算しなさい。
2. 体内における無酸素性エネルギー生成量の合計を推測しなさい。

第**9**章　運動中のエネルギー基質の利用

Substrate uses during exercise

　この章では運動中、さまざまなエネルギー基質がエネルギー生成のためにどのように利用されているのか解説する。

1. 運動中のエネルギー基質の利用割合

　炭水化物と脂肪は運動時のおもなエネルギー源である。炭水化物と脂肪からのエネルギー変換は、以下の式で示される二酸化炭素産生量と酸素消費量の割合を示す**呼吸商**（respiratory quotient：RQ）を用いて推測することができる。

呼吸商（RQ）＝二酸化炭素産生量／酸素消費量

　運動中の呼吸商は、本来、活動筋で測定されなければならない。しかし定常状態時では、呼吸商は、呼気により排出された二酸化炭素と吸気により取り込まれた酸素の割合と等しいため、被験者の息を集めて酸素と二酸化炭素の量を計測することによって測定可能となる。また、以下の式で示される比率は**呼吸交換比**（respiratory exchange coefficient：RあるいはRER）と呼ばれている。

呼吸交換比（RER）＝二酸化炭素排出量／酸素摂取量

　二酸化炭素排出量（$\dot{V}CO_2$）は、酸素消費量の算出（p.39参照、酸素摂取量）と同じ原理を用いて算出することができる。まず、呼気を分析して二酸化炭素の含有量を求め、単位時間当たりに排出される空気量を測定する。そして、以下の式のように、呼気と吸気に含まれる二酸化炭素量の差から実際の体内での二酸化炭素産生量が算出できる。

$$\dot{V}CO_2 = (\dot{V}_E \times F_ECO_2) - (\dot{V}_I \times F_ICO_2)$$

$\dot{V}_E$は単位時間当たりの呼気量、F_ECO_2は呼気中の二酸化炭素濃度、$\dot{V}_I$は単位時間当たりの吸気量、F_ICO_2は吸気中（大気中）の二酸化炭素濃度で通常、約0.04%である。p.39に示されているように、$\dot{V}_I$と$\dot{V}_E$はどちらも等しいとみなして計算することができる。したがって、ひとたび$\dot{V}CO_2$が計算されれば、RERは$\dot{V}CO_2 \div \dot{V}O_2$で算出することができる。

　以下の化学式から算出されるように、もし脂肪のみがエネルギー基質である場合のRQは0.70となり、炭水化物のみが酸化されてエネルギーを生成している場合のRQは1.0となる。

$$\text{脂肪の燃焼（酸化）：} C_{15}H_{31}COOH + 23O_2 \rightarrow 16CO_2 + 16H_2O$$
$$RQ = \dot{V}CO_2/\dot{V}O_2 = 16/23 = 0.70$$

$$\text{炭水化物の燃焼（酸化）：} C_6H_{12}O_6 + 6O_2 \rightarrow 6CO_2 + 6H_2O$$
$$RQ = \dot{V}CO_2/\dot{V}O_2 = 6/6 = 1.00$$

　もし、RQが0.7〜1.0の数値である場合、生成されたエネルギーは炭水化物と脂肪が混合され、それぞれある比率で利用されたと考えることができる（表9参照）。

　炭水化物と脂肪の利用比率は、次の式によって計算することができる。

$$\text{炭水化物の利用比率} = [(RQ - 0.7)/0.3] \times 100\%$$
$$\text{脂肪の利用比率} = [(1 - RQ)/0.3] \times 100\%$$

　RERは、RQとは異なり呼気の分析によって決定され、激しい運動時には1.0よりも高くなり

表9　呼吸商（RQ）と脂肪・炭水化物の利用比率

呼吸商	利用比率	
	脂質	糖質
0.70	100	0
0.75	84	16
0.80	67	33
0.85	50	50
0.90	33	67
0.95	16	84
1.00	0	100

＊：もうひとつのエネルギー源であるタンパク質は非常にわずかな割合であるため、この計算では考慮されていない。

うる。これは、激しい運動時には、通常は細胞代謝のみによって産生される二酸化炭素に、重炭酸イオンから生成される二酸化炭素が加わることで排出量が多くなることを意味する。したがって、1.0以上という値は、排出された二酸化炭素と摂取された酸素の割合によって適正に算出される数値であり、異常値ではない。実際に、最大酸素摂取量が運動負荷テストによって決定される場合、1.05以上のRERの値は、被験者がしっかり疲労困憊まで追い込まれる運動をしていることを示す証拠にもなる。

2. さまざまな形式の運動中に利用されるエネルギー基質

運動時の炭水化物と脂肪のエネルギー利用の関係は、下に示したものを含むさまざまな要因に依存している（**図48**参照）。
- 運動強度
- 運動時間

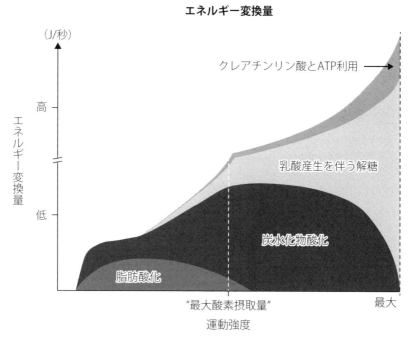

図48　運動強度に対する炭水化物および脂肪の分解によるエネルギー供給の相対的な貢献度合
長時間続けられるような低強度では、脂肪酸化の貢献度が大きい。数秒しかおこなえないような、ほぼ最大に近い強度では、ATPとクレアチンリン酸の利用、および乳酸産生をともなう解糖による無酸素性のエネルギー供給が主流となる。これらの中間の強度では、炭水化物の有酸素的利用によるエネルギー供給が主流である。しかし、トレーニング状態の違いによって非常に大きな個人差があることに注意が必要である。各基質によるエネルギー供給の貢献度合も、おこなう運動強度や運動時間に依存して大きく変化する。

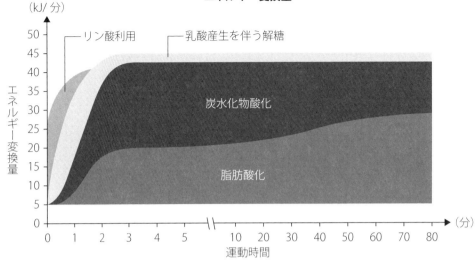

エネルギー変換量

（kJ/分）

図49　60%最大酸素摂取量強度におけるリン酸、炭水化物、脂肪の分解と、乳酸産生を伴う解糖のそれぞれの相対的エネルギー利用割合
運動時間が進むにつれ脂肪の相対的エネルギー利用割合が徐々に増えていくことに注目。

- 体力レベル
- 運動の数時間あるいは数日前の食事摂取状況

　通常の食事では、安静時のRQは0.8から0.9の間に収まるが、炭水化物の豊富な食事を摂った場合、RQは0.9よりも大きくなるだろう。すなわち、エネルギー代謝は食事のエネルギー組成により影響を受ける。

　RQは、安静時および短時間の軽い運動時ではほぼ同じである。通常の食事では、炭水化物と脂肪からのエネルギー利用割合はほぼ等しく、したがってRQは0.85になる。運動強度が上がるにつれ、炭水化物の相対的な利用が増え（**図49**参照）、RQは1.0に近づいていく。高強度での運動時は、筋への酸素の供給が制限される。したがって、酸素利用の面から考えると、より少ない酸素でエネルギーに変換される炭水化物は、脂肪よりも効率的な基質である。つまり、より多い割合の炭水化物を酸化（燃焼）させることは、高強度運動に対して有効であるといえる。実際に、炭水化物（たとえばグルコース）から1 molのATPを作るには3.5ℓの酸素が必要だが、一方、脂肪は同じ量のATPを作るのに3.9ℓの酸素を使う必要がある。そのため、酸素の供給が制限される状況では、利用可能な酸素は炭水化物酸化に利用するのが最善の方法といえる。

　乳酸は炭水化物と同じくRQ 1.0で燃焼されるため、高強度運動時の乳酸産生の増加はRQ（とRER）の上昇の一因となっている。乳酸は、活動筋と非活動筋だけではなく、心臓、肝臓、腎臓などの器官でもエネルギー基質として利用されている。また、乳酸は脂肪の動員を妨げ、高

い運動強度での脂肪酸化を制限している。そのため、短時間の最大運動では、炭水化物はエネルギー基質としてほぼ単独で利用されている。

　ある一定負荷での長時間の運動をおこなうと、アドレナリンや成長ホルモンなどの血中濃度の上昇に応じて、脂肪細胞からの脂肪の動員は徐々に増加し、同時にRQは徐々に低下する（**図49**参照）。そのため、総エネルギー変換量に対しての脂肪酸化の占める割合が大きくなる。脂肪酸化の増加は、筋中の限られたグリコーゲン貯蔵量を温存し、血液からのグルコースの取り込み量を減らす。特に低強度（40〜50% $\dot{V}O_2$ max）の運動中、血液から筋へのグルコースの取り込み量が減ることによって、肝臓のグリコーゲン貯蔵量が保たれ、脳へ十分なグルコース供給が確保されることになる。脳では、血液から供給されるグルコース（と乳酸）を酸化することでしかエネルギーを作り出すことができないので、このグルコースの節約効果は脳にとって特に重要となる。一方、2〜3時間以上続けておこなう運動においては、血中のグルコース濃度が低下すれば運動を続けられなくなる。炭水化物が含まれる飲料の摂取は、そのような血中グルコース濃度の低下を少しでも先のばしするための有効な手段となる。

　長時間の持続運動では、酸素摂取が制限されるレベルまで、運動強度が上がることはない。そのため、前述のように、脂肪は酸素利用の点では炭水化物より効率的でなくとも、おもなエネルギー源として利用されるのである。その理由としては、まず、脂肪の貯蔵量は炭水化物に比べてはるかに多く（**表8**）、大量の脂肪を利用できるということがあげられる。また、炭水化物1gが有するエネルギー（17.7kJ）に対して、脂肪は2倍以上のエネルギー（39.4kJ）を有しており、貯蔵エネルギーとしても優れた基質であることがわかる。一方、エネルギーを作り出すのに脂肪利用が不利な点は、もし脂肪のみが酸化された場合、運動強度が最大酸素摂取量の約50%までしか到達しないということである。しかしながら、実際には運動時間や運動強度にかかわらず、エネルギー基質として脂肪のみを酸化するということは決してない。なぜなら、脂肪の酸化を進めるには、わずかではあるが炭水化物の酸化（総エネルギー生産量の約1%相当）が必要だからである。研究によっては、同じ強度で運動をするのであれば、女性は男性よりも相対的に多くの脂肪を酸化している、と報告されている。この結果は、脂肪を酸化する能力の高いST線維の割合が、女性のほうが一般的に多いことに関連するのではないだろうか。

3. 最大下運動時のエネルギー代謝に対する有酸素性トレーニングの効果

　一定期間の有酸素性トレーニングは、クレブス回路に関係するクエン酸シンターゼ（CS）およびコハク酸デヒドロゲナーゼ（SDH）といった酸化酵素（**図28**）の活性（濃度）を増加させる。さらに、毛細血管（体積あたりの毛細血管数）の増大は血管の総表面積を大きくし、血液と筋の間の物質拡散による輸送距離を短くするため、拡散効率が高まる。これらの酵素活性や、ミトコンドリアの数および毛細血管の増加によって現れてくるおもな影響は、脂肪の酸

化が増大するということである（**図50**参照）。有酸素性トレーニングを積んだ人は、同じ運動強度において、トレーニングをしていない人よりもより多くの脂肪をエネルギーに変換できるため、限られたグリコーゲン貯蔵量を温存することができる。また、トレーニングによって筋グリコーゲンの貯蔵レベルも増加する。したがって、トレーニングによって、筋グリコーゲンの蓄えがなくなるまでの時間が引きのばされることになる。言い換えれば、トレーニングを積んだ人は、同じ時間内でより多くの作業ができるようになる（たとえば、バスケットボールの試合中に高強度で運動できる時間が増える）。また、有酸素性トレーニングによって酵素の変化およびミトコンドリアの変化が現れれば、同じ強度で運動をおこなった際の、筋の乳酸産生と血中乳酸濃度をともに低下させることができるのである（図37）。

　身体のホルモンの生成とホルモンの効果、特にインスリンとエピネフリン（アドレナリン）の効果は長期間の有酸素性トレーニングによって変化する。筋によるグルコースの取り込みを刺激するインスリンの能力は、有酸素性トレーニング後に上昇する。これは、一定量の炭水化物の取り込みをおこなうのにより少ない量のインスリンで済む（インスリン感受性が上昇する）ということを意味している。言い換えれば、インスリンを生成する膵臓にとっては、与えられた炭水化物摂取量に対し多くのインスリンを放出しなくてもよくなることを示している。すな

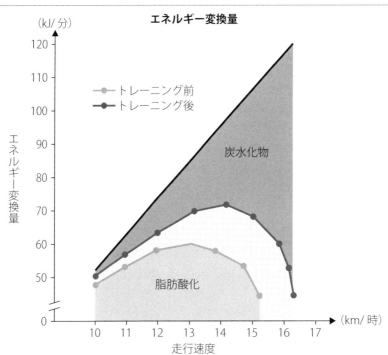

図50　一定期間の有酸素性トレーニング前およびトレーニング後の、最大下運動時の炭水化物および脂肪の分解によるエネルギー利用割合

一定期間のトレーニングにより、ミトコンドリアと毛細血管の増加および高い酸化酵素活性が引き起こされ、各ランニングスピードにおける脂肪代謝の割合が上昇し、筋グリコーゲンの利用と乳酸産生が低下している。

わち、そのような効果は、トレーニングをしていない人に比べてトレーニングをしている人のほうがより多くの炭水化物を消費するということからしても、とても有益なのである。有酸素性の運動は、副腎にもまた影響を及ぼし、エピネフリン（アドレナリン）を生成する能力を増強させる。ただし、最大下運動中においては、実際にはエピネフリン（アドレナリン）の生成はトレーニング期間後には少なくなり、筋グリコーゲンの消費を減らすのに役立っている。

◆要約と学習課題

要約

　炭水化物と脂肪は、運動時のエネルギー生成に最も重要なエネルギー基質である。この二種類のエネルギー基質の相対的貢献割合は、呼吸交換比（RER）の測定により推定することができる。中強度での定常運動中においては、RERは呼吸商（RQ）と等しい。長時間運動時、脂肪の酸化は徐々に増加し、逆に筋グリコーゲンの利用は徐々に減少する。一定期間の有酸素性トレーニングは、最大下運動中の脂質の酸化を増加させ、筋の乳酸産生と血中乳酸濃度を低下させ、インスリンの節約効果を示す。

復習問題

1. RERとは何か？ また、運動強度はRERをどのように変化させるか？
2. なぜ脂肪は効率よくエネルギーを貯められるのか？
3. 中強度運動が続くにつれて、エネルギー基質の利用割合はどのように変化するか？
4. 運動中のエネルギー基質利用割合は、一定期間の有酸素性トレーニングによってどのように影響されるか？

計算問題

1. RQが以下の場合の相対的な脂質と糖質の割合を計算しなさい。（ここではタンパク質はエネルギー源として考慮に入れないこと）
   a. 0.72
   b. 0.76
   c. 0.81
   d. 0.86
   e. 0.97
2. ある人が150Wの自転車エルゴメータで運動した。定常状態中、呼気が70秒間ダグラスバッ

クに集められ、その後分析された。バッグには80ℓの空気が入り、呼気中の酸素濃度と二酸化炭素濃度はそれぞれ0.165、0.045であった。下記についてそれぞれ計算しなさい。

a. 換気量 （$\dot{V}E$）

b. 酸素摂取量 （$\dot{V}O_2$）

c. 二酸化炭素排出量 （$\dot{V}CO_2$）

d. 呼吸交換比 （RER）

e. 炭水化物利用の割合

第10章 体温調節

Temperature control

　スポーツのパフォーマンスは環境温などの環境条件の影響を受ける。身体と環境との間の熱交換には湿度、風速、環境温などが影響する。すなわち、血流の分配や発汗量といった、体温調節に関わる因子は常に変化している。環境温の変化にかかわらず、ヒトの平均体温は基本的に約37℃である。活動量が周囲の温度と関係している冷血動物と違って、ヒトはこの恒常性機能によって、他の哺乳類と同じように冬でも夏でも同じレベルでの活動が可能となっている。ヒトは身体を構成する細胞をある程度適切な状態に保つため、一定の体温を維持する必要がある。身体の各酵素の活性や、温度の上昇に非常に敏感な脳の機能を円滑に活動させるためにも一定の体温を保つことは必要である。一般的に、体内のすべての化学プロセスのスピードは37～41℃の範囲内で体温の上昇とともに加速する。しかしながら、もし体温がこの範囲外になると、化学反応のスピードは落ちる。身体は熱産生の量に合わせて熱放散の量を調整することによって、この温度範囲内になるように絶え間なく調節している。一方、運動中は相対的運動強度に比例して体温は上昇する。通常の身体コンディションでも、もし運動強度が非常に高く、環境温も高い場合には、体温は40℃まで上昇する。

1. 環境との熱交換

　図51に示すように、身体と環境との間の熱交換は、伝導、輻射、対流、蒸発の４つの物理的プロセスによっておこなわれる。
　伝導(conduction)による熱交換は、温度の異なる物体同士が直接接触することによっておこなわれる。熱は温度の高い物体(例えば身体)から低い物体(例えば氷)へ移動する。例えば、冷たい水中で泳ぐ、あるいは冷えた床の上に座るとき、身体は伝導によって熱を失うことになる。
　輻射（radiation）による熱交換は、体表面温度と環境の温度の差異に依存している。身体は太陽光のような体表面より温かいものから熱を吸収し、例えば冷えた体育館で運動するとき、

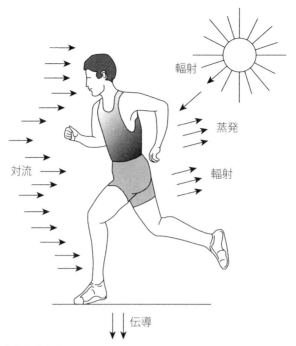

図51　ヒトと環境間の熱交換の４方式
蒸発は身体からの熱の放散のみをおこなうが、一方、伝導、輻射、対流は、身体と環境間での熱の吸収および放散のどちらもおこなっている。

その体育館の壁のような体表面よりも冷たいものに熱を放散する。どちらの場合も、間にある空気の温度は変化しない。

　対流（convection）による熱交換は、空気が皮膚上を流れるときに生じる。空気は、皮膚と接触するときに、その温度と密度（つまり、単位量あたりの分子の数）を変化させる。空気は暖められると軽くなり（低密度）、冷やされると重くなる（高密度）。どちらの場合も、皮膚に触れていた空気は取り除かれ、新しい空気がそこに置き換わる。もし空気が皮膚よりも冷たい場合、身体から熱が奪われ、環境温が体表面よりも高い場合には、身体は空気から熱を吸収する。対流による熱交換は風速が増すと、著しく増加する。例えば、扇風機（送風機）を使うと、皮膚表面の空気はすばやく取り去られ、新しい空気に次々に置き換えられる。すなわち、暑い夏の日のランニング中であっても、空気がすばやく身体を通り過ぎていくので、運動にともなう熱はより簡単に放散されるのである。

　体液の**蒸発**（evaporation）による熱交換は、他の方式とちがい熱放散のみおこなわれる。蒸発は皮膚表面もしくは気道内部から生じる。汗腺が活性化されると、水分が皮膚表面に移動する（発汗）。水分（汗）が蒸発するとき、水蒸気に変わり、熱が皮膚から失われ（気化熱）、身体の表面の温度が低下する。一方、もし汗のほとんどが水分のまま身体から滴り落ちてしまうと、熱は放散されないことになる。汗の水分が、水蒸気に変換されるときに要するエネルギー

は2400kJ/ℓである（気化熱）。皮膚からの蒸発は身体からの蒸散性熱放散の大部分を占めているが、蒸発は呼吸経由でも起こる。犬が、暑い環境下でハアハア息をするパンティングをおこなっているのが良い例である。彼らには蒸散性熱放散のための汗腺がなく、さらに彼らを覆う毛皮が蒸発以外の方法による皮膚からの熱放散に対して機能していないためである。このパンティングは、空気をすばやく湿った気道の表面を通過させることで、できるだけ多くの蒸発を生じさせるためにおこなわれている。

　発汗により皮膚の表面に発生する水蒸気は、新しく乾いた空気が湿った皮膚と接触することによって皮膚から取り除かれる。すなわち、より多くの空気の動き（つまりより多くの風）がより高い蒸発率をもたらす。暑熱環境下では、蒸発が熱放散の主要な方法となり、環境温が皮膚温よりも高い環境下では蒸発が唯一の方法となる。このような環境下では、湿度（空気中の水蒸気量）が蒸発の効率に大きく影響する。もし湿度が高いと、空気はほとんど水蒸気で飽和状態になり、空気はそれ以上の水分を受け入れることができないため、皮膚からの蒸発量は大きく減少する。しかし、たとえ湿度が100％であっても、わずかな汗はまだ蒸発することは物理的に可能であるので、その場合は皮膚温（35－36℃）が環境温よりも高くなければならず、皮膚と空気の蒸気圧の違いがきわめて重要となる。飽和状態の水蒸気圧は温度にも依存しており、より高い温度でより大きい圧になる。このように、もし皮膚の温度が空気よりも高いのであれば、飽和水蒸気圧も皮膚表面のほうが高くなり、湿度の程度にかかわりなく汗は蒸発する。

2. 運動時の熱交換

　運動時には、おもに活動筋のエネルギー代謝量の上昇により熱産生量は増加する。短時間の最大強度での運動時では、熱産生量は15から20倍にまで増加しうる。一方、最大の強度ではないが、数時間以上おこなわれるような長時間運動の場合、熱産生量は安静時の6～8倍に増加する。熱は筋から血液に移り、心臓によって全身に分配される。熱のほとんどは体外に放散されるが、残りの熱が体を温めることになる。一般的に、体温の上昇は相対運動強度に依存している。最大酸素摂取量の約50％の運動強度では、体温は約38℃までしか上昇しないが、最大強度の運動時には、体温は40℃に到達し、活動筋の温度は42℃にまで上がる可能性がある。ほどよく高い体温は筋の運動能力を高めるが、体温の過剰な上昇を避けるためにも、ほとんどの熱は体外へ放散されるべきである。

　運動時においても、熱はおもに汗の蒸発によって放散される。汗腺活動の増加はより多くの水分を皮膚表面に運び、それにより蒸発率が上昇し、皮膚表面が冷やされる。汗腺も筋と同様にトレーニングによって活性化する。つまり、大量の汗をすばやく作る能力が高まるのである。汗の生成率の上昇は汗中の電解質（塩分）濃度を低下させ、体からの塩分の損失を最少化する。すなわち、発汗能力は暑熱順化とトレーニングによって高めることが可能である。

　皮膚表面の温度は、皮膚への血流量が変わることで変化する。運動時、皮膚血管の直径は拡

大し（拡張）、温められた多くの血液が皮膚に到達する。その後、対流と輻射による熱放散の増大が生じる。それゆえ、運動時には、筋と皮膚の両方で血流量の増加が必要で、心拍出量はそれに応じて増加されなければならない。暑熱環境下では、より多くの熱放散が必要となり、つまり心拍数は涼環境下よりも多くなる。

　暑熱環境下では、皮膚と環境との温度差はかなり小さい。そのため、こういった状況での運動時には、対流と輻射による熱放散量は減少する。実際、36℃以上の環境温下では、熱はこれらのプロセスを通してむしろ身体に吸収されるだろう。したがって、高温環境下では汗の蒸発がより重要になる。暑熱環境下でスポーツをする場合、1.5〜2ℓの汗が1時間あたりに生成され、さらに厳しい暑熱環境の場合（砂漠のような環境での運動）、1時間あたり4〜5ℓの汗の生成率が記録されている。しかしながら、飲水による身体への水分の吸収率は1時間あたり1.2ℓなので、水分損失（脱水）は高環境温下での長時間運動時では避けることができない。また、汗を生成するのに利用される水分の一部は血液に由来するため、暑熱環境下での運動時は血液量が低下する。このことは一回拍出量(心臓の拍動一回あたりに押し出される血液の量)を減少させることになり、心拍出量を維持するために結果として心拍数を増加させる（**図52**参照）。体重の1〜2％に相当する1ℓの水分損失は、心拍数を10拍/分上昇させるだろう。しかしながら、長時間運動時には、この心拍数の増加は一回拍出量の低下を補い続けることがで

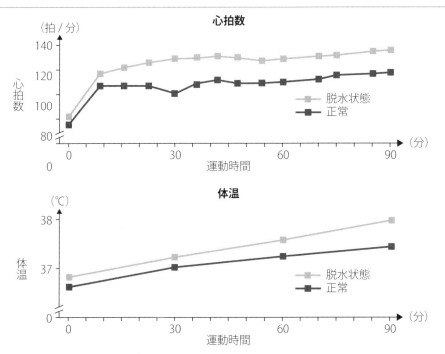

図52　心拍数と体温に対する脱水の影響
同じ運動強度で二つの運動テストをおこなったときの心拍数と体温の上昇は、運動前に脱水している場合のほうがより大きくなる。

きず、次第に心拍出量は低下し、結果的にパフォーマンスの低下を導くことになる。

　ときには、運動中の熱放散量が熱産生量との均衡を保てず、結果として過度の体温上昇と熱疲労のリスクをもたらす。著しい水分損失は血圧の低下を引き起こし、それは体温の上昇に加えて、倦怠感をもたらすだろう。もし体温が41℃あるいはそれ以上になってしまえば、脳活動が高体温の影響を受け、結果として機能低下あるいは意識不明に陥る熱中症を引き起こすだろう。熱中症は身体のさまざまな調節機能に深刻な影響を与えることから、すばやく治療されなければならない。症状を放置しておくことは命に関わり、致命的な脳損傷を引き起こし、あるいは熱耐性を著しく損なうことになる。

　体温調節とパフォーマンスは、寒冷環境によっても影響を受ける。低い環境温は皮膚血管の直径を小さく（収縮）し、皮膚温の低下を導き、それにより対流と輻射による熱損失を少なくしようとする。さらに環境温が低下すると、熱産生機構が活性化される。初期段階では、筋緊張が増し、筋の震えとホルモン刺激により代謝を増加させる。これらの熱産生反応によって熱損失との温度バランスが維持される。

　温度バランスの維持は運動量と衣服のタイプによっても影響を受ける。寒冷環境下では、温度調節はほとんどが技術的な問題で解決できる。環境温に対する反応では、衣服（断熱のため）と運動量（筋収縮による熱産生）の両方によって調整される。寒冷環境下においてパフォーマンスに対する一般的な影響は、末梢（最も外側の）血管収縮と組織温度の低下によるものである。身体の生化学的過程は温度依存性であるため、低い温度は筋収縮のスピードを低下させ、神経伝達速度を遅くし、血液から組織への酸素の移動を緩慢にしてしまう。深部体温の低下と末梢の凍傷は、陸上のスポーツではめったに起こらないが、たとえば海上でのセーリング中など、長時間冷たい水に近いところ、あるいは水中にいるような場合に起こる可能性がある。

3. 運動中の水分摂取

　トレーニング時と試合時の両方において、過剰な体温上昇と脱水を引き起こす可能性があることから、運動時に最適なパフォーマンスを維持するには継続的に水分を摂取することが重要である。運動時間の長さに応じて、次のガイドラインが役立つだろう。

- トレーニングあるいは試合の時間が30分以下の場合、運動強度に関わらず、水分摂取を必要とする生理学的な理由はない。
- トレーニングあるいは試合の時間が30分から60分の場合、天候と運動強度に応じた水分摂取を考えなければならない。水分の必要性は、高環境温と運動強度の上昇に伴い高まる。
- トレーニングあるいは試合の時間が60分以上の場合、運動強度に関わらず、体水分の損失分を水分摂取によって補われなければならない。

　運動時の脱水と体温を下げるための水分摂取は環境温が上昇するにつれより重要になる（図

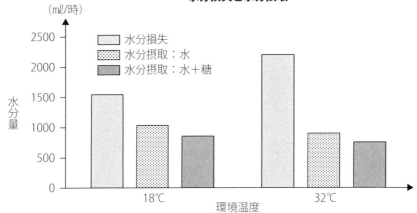

図53　寒冷および暑熱環境における1時間のレース中の汗による水分損失と摂取した水分の吸収

走行スピードは70％最大酸素摂取量強度であった。二つの環境温度（18℃と32℃）での水分損失量が、真水を摂取して得られた水分吸収量と糖（9％マルトデキストリン）を含んだ液体を摂取して得られた水分吸収量と並んで示されている。水分不足分（汗による水分損失量から吸収された水分量を引いたもの）は寒冷環境よりも温暖環境においてかなり大きくなっていることと、両方の環境温での水分不足分が糖を含んだ液体を摂取したときのほうが大きくなっていることに注目。

53参照）。

　長時間運動時には、炭水化物を含んだ飲料を摂取することは筋および肝グリコーゲン量の低下を補うのに有利となる。炭水化物の摂取によって、疲労に至るまでにかかる時間は引き延ばされるからである。しかし、摂取した水分が胃から小腸へ排出される速度には限界がある。水分が吸収される場所（**図54**参照）である小腸への胃からの水分排出速度は、環境温、水分の量、水分の温度と内容成分を含む多くの要因に左右されるが、一般的には15分ごとに約300 mℓまでの排出速度が限界である。最大胃内容排出速度（1時間当たり約1.2 ℓ）は、真水あるいは糖を少し含んだ水を飲むことで得られることが明らかになっている。加えて、周囲の環境温度が高い場合には、身体での水分の必要性が高まるにもかかわらず、胃の排出速度は遅くなる。

　水分吸収率（胃内容排出速度）は、摂取した水分中の糖の濃度が高まるにつれ低下する（図53）。糖は腸で水分を保持する効果があり、また血液から腸に水分を引き込む。最も高い吸収率は真水あるいは少しだけ糖を含んだ水を摂取することによって得られる。同時に運動中はエネルギー利用の観点から炭水化物摂取の必要性もあり、こうした問題を克服するため、胃内容排出速度の低下を最小限に抑える程度の炭水化物を含んだ飲料を摂取する必要がある。マルトデキストリンのような糖分子の長鎖からなる多糖類は、単糖類と同じ効果の水分吸収効果を持つことがわかっている。また、その他に重要なこととして、渇きの感覚は水分損失の度合いに完全に比例しているわけではないということがあげられる。つまり、身体は脱水状態になっているにもかかわらず、それに見合うだけののどの渇きを感じていない可能性がある。

　長時間運動の前（1時間以上）には、摂取する飲料の種類を注意深く考慮しなければならな

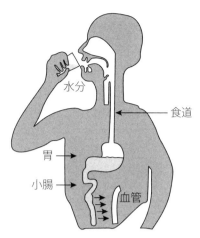

図54　摂取した液体の血液への移動
身体へ水分が吸収される制限因子は胃から小腸への排出速度である。

い。一般的に、寒冷環境下では、5〜8％の炭水化物溶液を摂取すべきである。これ以上の高濃度の炭水化物溶液は水分吸収を低下させる可能性があるが、寒冷環境では発汗による水分損失が多くないことに加え、低温環境により胃内容排出速度は上昇しているからである。一方、暑熱環境下では、水分損失量は多く、胃内容排出速度は遅い。そのため、真水あるいは低い糖含有量（2〜3％）の水分を飲むことが水分吸収を最大化するのに推奨されている。この方法は最終的な体内の水分損失は低く抑えることができるが、体への炭水化物の運搬は決して十分ではない。そのため、こういった状況下では、筋グリコーゲン貯蔵量が運動開始前に最大量であることが特に重要である。また、胃から小腸へ飲料を移動させることができる量も個人個人で著しく異なる。それゆえ、試合中に用いられる飲料と同じものをトレーニング時に事前に試しておくべきだろう。各個人によって、さまざまな飲料と量を事前に把握することができ、体がより多くの"水分を吸収するトレーニング"にもなるからである。

　まとめると、トレーニング時と試合時に優先されるべき水分量と炭水化物濃度は以下の項目によって、個人ごとに異なることを理解しておく必要があるだろう。

- 運動時間の長さ
- 天候（環境条件）
- 発汗能力
- 個人の水分吸収能力

　アスリートはのどの渇きを感じていようといまいと、トレーニングおよび試合前には十分な量の水分を摂取しなければならない。トレーニングあるいは試合60〜90分前に0.5〜1ℓの水分摂取が多くの場合望ましい。30分以上続くトレーニングおよび試合中、水分は頻繁に摂取しなければならないが、胃に過剰な水分が溜まるのを避けるために、適量ずつ（10〜15分ご

とに150〜250mℓ）とるべきである。また、トレーニングあるいは試合後、身体の水分バランスを元に戻すことが重要である。完全に元のレベルに戻すには時間を要するが、自分が飲むべきと思う以上の量を飲む必要があると思っていたほうがよい。アスリートは、試合の次の日にしばしば水分が欠乏した状態に陥ることがある。このことは、身体機能に対するマイナス効果である。たとえ過度に水分を摂取したとしても、余分な水分は尿として排泄されるため、飲みすぎのリスクは小さいと考えて良い。尿の色は水分バランス状態を示す良い指標で、濃い黄色の尿は脱水のサインである。

◆要約と学習課題

要約

　熱は4つの異なる方法（伝導、輻射、対流、蒸発）で、放散および吸収される。運動時は、発汗に代表される蒸散性熱放散が、収縮する筋によって生成される熱の放散に最も重要である。一方、筋と全身両方の温度は運動中上昇し、それぞれ42℃、40℃以上になることもある。トレーニングは、運動中の発汗と熱放散率を上昇させる。そのため、一定期間のトレーニングは同じ強度での運動をより低い体温上昇でおこなえるようになるという効果をもたらす。運動中の水分欠乏（脱水）を防ぐため、水分を運動中（および運動後）に摂取しなければならない。飲料の最適な成分組成（炭水化物濃度など）は他の要因とともに、環境温度によって決定される。

復習問題

1．体が熱を放散する方法にはどのようなものがあるか？
2．どのように体は熱を吸収するか？
3．運動中なぜ体温は上昇するか？
4．運動中体温はどのぐらい高くなるか？
5．運動中体温はどのように調節されているか？
6．長時間運動時、心拍数の上昇する二つの理由を説明せよ。
7．どのように熱中症が起こるのか説明せよ。
8．運動時の体温上昇にトレーニングはどのような影響を及ぼすか？
9．運動時の心臓血管系に対する体液損失の影響は何か？
10．トレーニングによって発汗はどのような影響を受けるか？
11．胃内容排出速度に影響する要因は何か？
12．マラソン選手が（a）寒冷環境、（b）温暖環境でレースがある場合、どんな水分摂取戦略を勧めるか？

第11章 運動制御と筋力

Motor control and muscle strength

　すべての運動は、神経系がその運動で使用する筋を活性化させるところから始まる。本章では筋の動きをコントロールする神経系の構造や機能とともに、トレーニングによる神経系の適応についても解説する。

1. 神経系の構造

　神経細胞は**ニューロン**（neuron）とも呼ばれ、核を持つ細胞体と、他の神経細胞からの信号を受け取る細かく枝分かれした樹状突起で構成されている。さらに、**軸索**（axon）と呼ばれる長い突起状の線維が細胞体から伸びており、細胞体からの信号は軸索を通ってその終末まで伝えられる。終末からの信号は、**シナプス**（synapse）から神経伝達物質と呼ばれる化学物

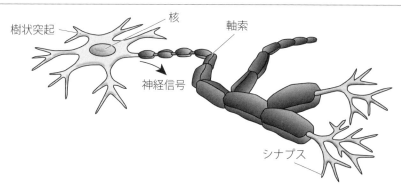

図55　運動ニューロン

ニューロンは、核を持つ細胞体、枝分かれした樹状突起と長い軸索から構成されている。細胞体からの信号は軸索を通ってその終末まで伝えられる。終末からの信号は、シナプスから神経伝達物質と呼ばれる化学物質が放出されることによって、次のシナプスとの間を渡り、伝えられる。

質が放出されることにより他の細胞に伝えられる（**図55**参照）。そしてその信号は他のニューロンや、筋細胞を含む組織細胞で受けとられ、受け取った細胞で情報が変換される。

　神経系は数百万のニューロンで構成されており、図56に示すように、**中枢神経系**（Central nervous system；CNS）と**末梢神経系**（Peripheral nervous system；PNS）に分類される。中枢神経系は大脳、小脳、脳幹、脊髄で構成されている。末梢神経系はそれ以外のニューロン（図56における感覚神経や運動神経など）が束になって末梢の**神経線維**（nerves）を形成し、各器官や組織との情報交換をおこなう。

　運動が実施されるためには、**運動ニューロン**（motor neuron）、別名**遠心性ニューロン**（efferent neuron）と**感覚ニューロン**（sensory neuron）、別名**求心性ニューロン**（afferent neuron）が不可欠である。運動ニューロンは、筋線維を活性化する働きをもつ。一方、感覚ニューロンは、皮膚をはじめとする器官や組織からの信号を受容して中枢神経系に伝える働きを担う。

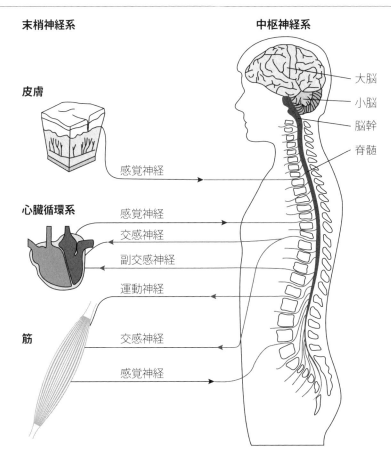

図56　神経系の仕組み
神経系は、中枢神経系（CNS）と末梢神経系（PNS）の2つの系に分類される。末梢神経系には、交感神経と副交感神経を含む自律神経系、中枢神経系に情報を伝える感覚神経と筋へ指令を送る運動神経がある。

脊髄には運動ニューロンと感覚ニューロンの両者が通っており、脊柱管の中で保護されている。脊髄の断面をみると、中心部には神経細胞の細胞体の集まりである灰白質が"H"のような形でみられる（**図57**参照）。運動ニューロンと感覚ニューロンはそれぞれ束になって脊髄から出入りしており、運動神経は脊髄から前枝として出ており、感覚神経は後枝として脊髄に入っている。両者の間にある間隙には、感覚神経からのフィードバック情報を運動神経に伝える**介在ニューロン**（interneurons）がある。また、灰白質の外側にある白質には軸索が多数存在し、脳や脳幹と介在ニューロンや運動ニューロンをつないでいる。白質内の感覚神経は末梢の感覚器や脊髄ニューロンと高位の脳中枢とをつないでいる。

❶自律神経系

　自律神経系（autonomic nervous system）は末梢神経系の一部であり、身体の内的環境の維持を司っている。このシステムは意識下で調整されるものではないため、刺激に対して身体がすばやく反応することを可能にしている。この自律神経系は**交感神経系**(sympathetic system)と**副交感神経系**(parasympathetic system)に分類される。一般的に、交感神経系はノルエピネフリン（ノルアドレナリン）を神経伝達物質として放出し、各器官の活動を刺激する。反対に副交感神経系は神経伝達物質としてアセチルコリンを用い、各器官の活動を抑制する。例として、運動の初期には交感神経系が心筋の収縮を活性化し、心拍数の上昇をもたらす。

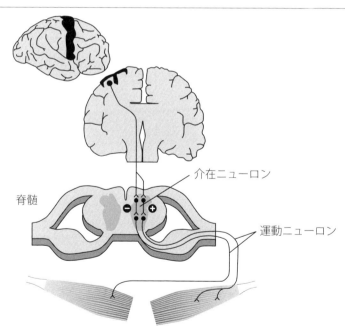

介在ニューロン

脊髄

運動ニューロン

図57　脳からの運動信号経路
上位運動ニューロンの軸索が大脳皮質から小脳を通り、脳幹を通って左右反対側の脊髄に到達する。それらは、脊髄で介在ニューロン、その先の筋へつながる下位運動ニューロンとシナプス結合している。

一方、安静時には副交感神経系が心筋の働きを調整し、心拍数を低い状態に維持するという現象が挙げられる。

❷運動ニューロン

　運動ニューロンは**大脳皮質**（cerebral cortex）[7]に起始をもち、身体のすべての筋に供給されている。いくつかの筋は、他の筋よりも非常に多くのニューロンによって調節されている（図58参照）。例として、舌、喉、指の筋が挙げられる。ヒトではこれらの筋は大脳皮質の多くのニューロンによって調整されており、この特徴は他の多くの動物と異なる。これらの筋の動きが非常に正確に調整されていることは、私たちが言葉を話すことや、洗練された手の動きができることを説明するものである。運動ニューロンは皮質から脳幹を通り、正中線を越えて反対側に交差して脊髄を下降する（図57）。この交差は、ヒトが脳の片側に脳出血などをきたした際に、反対側の四肢が麻痺することを説明するものである。多くの脳内に走行する運動ニューロンの軸索は、脊髄の介在ニューロンに結合する（シナプス結合）。ただし、ヒトや猿は他の動物と異なり、脳内のいくつかの運動ニューロンは脊髄の運動ニューロンに直接結合し、介在ニューロンを介することなく大脳皮質が筋の運動を直接調整できるようになっている。脊髄の運動ニューロンはそれぞれ軸索を有しており、それらは枝分かれして多くの筋線維に供給されている。運動ニューロンと、そのニューロンが支配する筋線維の総体を**運動単位**（motor unit）と呼ぶ。この運動単位のサイズにはばらつきがあり、一つの運動単位が支配する筋線維が少ない筋は非常に協調された運動が可能であり（眼筋など）、多くの筋線維を支配する運動単位をもつ筋では大きな筋出力を伴う全身を使った大きな運動が可能となる（大腿部の筋など）。運動単位の機能は、すべての筋線維が収縮するか、すべて収縮しないかという"全か無かの法則"に則っている。筋が収縮するには、ニューロンからの電気信号である**インパルス**（impulse）の強さが、閾値と呼ばれる筋収縮に必要なレベルに達する必要がある。あるひとつの運動単位に含まれる筋線維はすべて同じタイプのものである（例；ST線維、FTa線維, FTx線維）。ST線維はFT線維よりも閾値が低いため、低強度の運動で収縮する。ST線維の運動単位は小さく、10〜180の筋線維を支配しているのに対し、FT線維の運動単位は300〜800の筋線維を支配している。したがって、ひとつのST線維の運動単位が刺激された際には、速くて強い運動をおこなうFT線維の運動単位よりも少ない筋線維が活性化される。一般的に、大きな筋出力を発揮するためには、多くの運動単位と筋線維が活性化する必要がある。

❸感覚ニューロン

　感覚ニューロンは双極性であり、それぞれ枝分かれした軸索を有している。細胞体から伸びる一方の軸索は感覚器（もしくは受容器）に接続している。もう一方は脊髄に入り、(a) 介在ニューロンを介して運動ニューロンに接続し、(b) 脊髄内の白質を通り、感覚情報を高位の脳に伝達し、(c) その他のニューロンに接続して感覚情報を伝達する。大脳皮質の運動野のよ

---

*7.　大脳は前脳部の最も大きな部位で、その外側にある大脳皮質にはたくさんのニューロンの細胞体が含まれている。

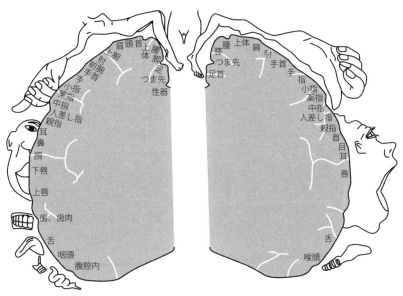

図58　大脳皮質の感覚ニューロン支配領域（左）と運動ニューロン支配領域（右）

うに、それぞれの感覚器や受容器からの情報は、大脳皮質の体性感覚野の異なる部位に伝達される（**図58**参照）。

2. 運動の実行

　脳から伸びる運動ニューロンは、筋内の運動単位を活性化して運動を引き起こすとともに、介在ニューロンを介して拮抗する筋の活動を抑制する（図57参照）。この作用により、適切な運動を実行する際には収縮する筋に拮抗する筋は弛緩しているのである。一方、体操選手が平均台の上でバランスをとるときのように関節の安定性が求められる際には、拮抗する反対側の筋も同時に活動している（同時収縮）。このようなケースでは、拮抗筋の運動単位群も活性化するように、脳が介在ニューロンの抑制的な働きを軽減させるのである。

　運動ニューロンの活動は、これまで認識されていたよりも、より複雑なものである。実際に脳内の各運動ニューロンの軸索は枝分かれし、脊髄の５〜６つの運動ニューロンに情報を伝達する。したがって、脊髄の運動ニューロンの細胞体は、脳内や脊髄内の多くの細胞体から情報を受け取っているのである。これらの細胞体は、情報を送る運動ニューロンとは分離されて離れた場所に位置し、他の筋の活動を調整できるようにもなっている。例えば、脳が人差し指に信号を送った場合に、運動ニューロンは人差し指以外の指にも信号を伝達し、手全体はある程度の興奮状態になる。この興奮状態は運動を引き起こすほどではないが、運動ニューロンからの若干の刺激の変化に対応してすぐに動きを引き起こせるような状態となる。この"交差刺激"

によって、ヒトはすばやい指の動きが可能になっている。

　一般的に、ほとんどの"自動運動"は無意識におこなわれ、自動運動でないものは意識下で調整されていると考えられているが、実際には異なる。意識によるコントロールがなくても、大脳皮質による調整によって生み出される動きが多い。実際に、私たちの運動のほとんどは意識がなくてもおこなわれているが、運動の強弱のコントロールは大脳皮質の運動野によっておこなわれている。例外は最も単純な反射であり、これは脊髄下でコントロールされている。

3. フィードバック

　私たちは外的環境からの視覚的情報をはじめとする諸々の感覚情報や、身体各部位の位置情報を常に受容している。この情報は運動プログラムに組み込まれて運動開始に用いられるとともに、運動実施中にもさらなる感覚情報が入力され、筋運動の修正に用いられる。運動に関する感覚情報は直接中枢神経系に伝達されるため、運動開始から0.05秒程度の時間しかかからない。この時間経過は最もすばやい動きよりも速いものである。したがって、このような中枢神経系に伝達される感覚情報なしでおこなわれる運動はひとつもない。また、動作エラーに関する情報も中枢神経系に伝達される。例えば、私たちが何か障害物に出くわしたときや地面の穴に足をとられたりしたときに大小さまざまな情報が伝達される。この際に、どのようにその障害物を把握し回避するかによって、フィードバックメカニズムの適応が説明できる。このような経験を通じて、私たちは物体の重さや形や表面の状態（でこぼこ、なめらか、粘着質、滑りやすいなど）によってどの程度の力で指を動かして障害物をつかむか、またどの程度の力を手に伝えて物を持ち上げて障害物を除けるかをあらかじめ予測するようになる。初めてその障害物を除ける際には物体の重さなどがわからないので、注意深くゆっくりとおこなうしかないだろう。さらに私たちは視覚情報も活用する。このような過去の経験を通じて運動プログラムが確立されると、私たちはその障害物を壊したり落としたりすることなく、すばやく効率よく持ち上げることができるようになる。このように、運動プログラムにおいて感覚情報のフィードバックは重要な役割を担っている一方で、運動は必ずしも感覚情報だけに依存しているわけではない。中枢神経系は、対象物を少し見るだけで、どのような運動プログラムを用いて運動を効率的にすばやくおこなうべきかを"見積もる"。もし中枢神経系が誤った見積もりをして、誤った運動プログラムが実施された場合には（物体が見積もりよりも重かったり軽かったりした場合）、感覚系がすぐに見積もりの誤りに関する情報を伝達する。そして運動プログラムがすぐさま修正されて物体を落としたり壊したりしないようにするのである。このフィードバックの精度は、次回以降に同じ重さのものを持ち上げた場合などに、正しい運動プログラムを実施していくことで、より確実なものとなっていく。一般的に、感覚フィードバックと中枢の運動信号は異なるレベルで統合され、共働して筋運動を決定している。

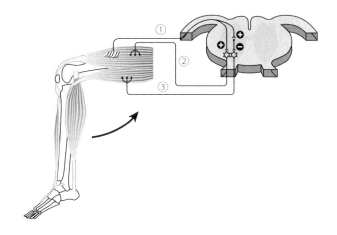

図59　伸張反射

膝が曲がって筋が伸ばされたとき、筋の筋紡錘は感覚神経を介して脊髄に信号を送り（①）、伸ばされた筋肉を活性化させ（②）、拮抗筋を活性化するニューロンを抑制する（③）。

4. 反射

　反射は、刺激に対して、脳を介さず脊髄レベルのみで介在される筋応答と定義される。このように反射は意識下でおこなわれる随意的なものではないが、感覚フィードバックの一部を担って運動プログラムに統合されることから、随意運動から完全に切り離すことはできない。

　反射の例として**伸張反射**（stretch reflex）が挙げられる。伸張反射とは、筋が伸張された際に筋の長さを感知する筋紡錘が感覚神経を介してその情報を脊髄へ伝達した結果、筋収縮が引き起こされるものである。伸張された筋が活性化されると同時に、拮抗する筋の活動は抑制される（**図59**参照）。この反射は医師が膝の下を打腱器でたたいて急激に筋が伸張された際に、膝が伸びるように筋が収縮するテストで再現することができる。この反射は筋の弾性を適切に保ち、膝の安定性を保持し、筋の損傷を防ぐようなポジティブフィードバック機構があることを示している。さらに、この伸張反射は伸ばされた筋の緊張状態を作り、すばやい筋収縮をもたらすため、ジャンプや投球のパフォーマンス向上に貢献する。例えば、ジャンプする前のステップの最終局面で、瞬間的に沈み込むことで大腿部の筋が伸張性収縮（伸ばされながら力を発揮）することで、伸張反射を活性化し、筋の緊張状態を作り出す。この緊張状態は、その反動として次の短縮性収縮（ジャンプのパワー）を高めることにつながる。

　もう一つの感覚ニューロンのネットワークは腱の中にあり、**腱反射**（anti-stretch reflex）に関係する。腱反射は伸張反射と反対の作用をもち、収縮しようとする筋を弛緩させる。このネットワークでは筋が収縮する際に、その両端に接合している腱が伸張され、腱紡錘が感覚神経を介して脊髄にその情報を送る。その信号は介在ニューロンを介して、主働筋を支配する運動ニューロンの興奮性を抑制する。その結果、主働筋の筋収縮を抑制し、拮抗筋の興奮性を高めることで伸張された腱への負荷を軽減するように働く（**図60**参照）。この反射の機能的意義

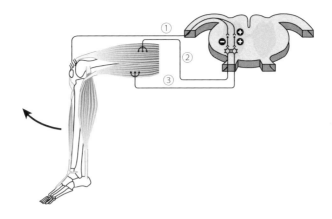

図60　腱反射
膝が伸びて腱が伸ばされたとき、腱紡錘が感覚神経を介して脊髄に信号を送り（①）、伸ばされた腱につながる筋を活性化するニューロンを抑制し（②）、拮抗筋を活性化する（③）。

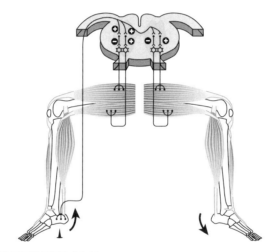

図61　屈曲反射と交差性伸展反射の組み合わせ
画鋲を踏んだ足の痛覚から感覚神経を介して脊髄に信号を送り、踏んだ足の屈曲筋を活性化させ、伸展筋を抑制する。同時に、逆の足の伸展筋を活性化させ、屈曲筋を抑制する。

については明らかになっていないが、筋への負荷が増大することでもたらされる筋損傷を防ぐことに貢献していると推測されている。しかしながら、最近の研究結果では、腱反射は筋の小さな一部のみが活動した場合でも生じることも示されている。この結果から明らかなように、腱反射の感覚受容器は非常に鋭敏なもので小さな負荷でも活性化することから、筋が大きな負荷をかけられた際に損傷を防ぐために活性化するという理論には見合わないものと考えられる。

　また、例えば歩いているときに右足で画鋲を踏んだ際に、私たちは左足をすぐ地面について、右足を踏んだ画鋲から持ち上げるようにふるまうことができる。この動作は非常にすばやくおこなわれるため、ときには痛みをあとから感じる場合もある。このすばやい反応動作は右脚の

足、膝、股関節の屈筋の収縮や伸筋の弛緩によってもたらされる（**図61参照**）。同時に、左脚の伸筋の収縮と屈筋の弛緩によって、左脚は体を支えるために伸展される。この複雑で自動化された応答には左右の多くの筋の働きが関わっており、私たちが転倒しないようにする際にも用いられるなど、全身の筋の適切な協調によっておこなわれている。これらの反応動作は**屈筋反射**（flexion reflex）と**交差性伸展反射**（crossed extensor reflex）という脊髄下のニューロンネットワークの共働によってもたらされる。この応答は痛みの刺激によって活性化され、複数の筋の協調運動によって痛みにさらされている身体部位を屈曲させて刺激から離す一方で、転倒しないように反対脚を伸展させバランスを保持するように働くのである。

5. ジャンプ、投動作、キック動作

　ジャンプは身体重心を上にあげて足を地面から持ち上げる動作である。ジャンプ動作は開始（離地）期、滞空期、着地期に分類される。またジャンプにはいろいろな目的があり、手をできる限り高く上げる（バレーボール、バスケットボール）、水平方向にできる限り遠くに体を移動させる（幅跳び）、身体重心をできる限り高く上げる（高跳び）、滞空時間をできる限り長くする（体操、スケート）などがある。

　ジャンプの開始と着地の際の筋活動は事前にプログラムされているため、反射による貢献はない。しかし、着地の準備期には、すでにいくつかの下肢筋群で反射活動の高まりがみられる。研究結果からは、着地の際には、筋がバネのような働きをしないように伸張反射活動が減衰することが報告されている。その代わりに、筋が着地の衝撃を吸収し、和らげるのである。しかしながら、着地後すぐにジャンプをするような場合には伸張反射が働く。この場合には、次のジャンプをすばやくできるように、着地した瞬間に伸張反射を活用して、筋が本物のバネのように機能するのである。また、足関節や膝関節周囲の筋の収縮も、ジャンプの着地には重要な役割を担っており、活動の程度はジャンプが高くなるにしたがって大きくなる。これらの筋の働きにより関節の安定性が保たれ、着地の衝撃から関節が守られるのである。

　投動作（throwing）や**キック動作**（kicking）の目的は、物体を空中に移動させることである。物体を遠くに飛ばしたり、速く飛ばすには多くの筋や関節の働きによる三次元的な動作が要求される。最初に全身と大きな筋群が活動し、次に小さな筋群が動きに関与してくる。大きな筋群の活動が動作の最終局面でのボール（物体）の加速をもたらす。一方、直線的な動きで高度に正確な投動作をする際には、単一もしくは非常に少ない関節が関与して働く。

　キック動作時には、大腿部は前方にすばやく動くが、下腿が最大スピードに至る前に、その動きにブレーキをかけるように働く。投動作と異なり、ボールに足が当たる瞬間には、脚は安定した状態にある。そのため、足関節周辺の筋群は活性化されており、ボールに当たる際には足部は固定されてボールに速度を加える。ボールの速度や方向は、足部が下腿に対してどの程度しっかりと固定されているか、言い換えればどの程度足関節周囲の筋群が活動しているかで

コントロールされる。同様に、バレーボール選手はボールのスピードや方向を、前腕、手、手首の関節の弾性を変えることでコントロールできる。

6. 運動学習

運動学習（motor learning）は複雑な運動を最適化するための"プログラミング"と認識されている。この運動学習過程はスポーツにおける技術練習中に発現し、パフォーマンス向上をもたらす。学習とは記憶が確立される過程であり、長年スキーを休止していても再開したときにすぐに滑ることができるような場合に、"筋が動きを記憶する"といわれる。しかし実際には"運動記憶"という言葉は適切ではなく、脳内で発現するいわゆる運動記憶と呼ばれるものは、私たちの日常的な記憶とは異なるものである。

トレーニングは、大脳皮質から脊髄にわたる中枢神経系のすべてのレベルで変化をもたらす。これらの変化は、運動を最適化するために、それぞれ異なる点から貢献する。大脳皮質の運動野は誕生時に遺伝的に決定されたものではなく常に変化をするが、この変化は私たちがおこなう運動様式や新たな運動を学習する際にもたらされるものである。例えば、目の見えない人たちがブライユ点字法を用いて読書法を学ぶとき、脳内で人差し指の筋を司る部位が顕著に拡大する。ただし新たな運動課題を学ぶとき、その課題遂行に関わる筋を司る脳内部位の拡大は、筋を使えば必ず生じるというものではない。例えば、パワートレーニングをおこなった場合には、使った筋を支配する大脳皮質の部位は拡大しない一方で、同じ筋を使って難しい課題をトレーニングした際には皮質部位の拡大が生じる。このように脳内の変化は新たな運動課題の学習によってもたらされ、学習中に動作の習熟にどの程度焦点を当てているかを反映しているともいえる。おおよそ、その運動が自動化されるレベルまで学習されれば、関連する脳部位は再度縮小する。おそらく、実際に解剖学的な変化が生じているわけではなく、むしろ学習していないときに隠されていた元来ある解剖学的なつながりが、学習によって再度活性化されるのである。

もし動作が大脳皮質で指示された運動プログラムと異なっていた場合には、プログラムは大脳皮質や脳幹につながる小脳連関を通して更新される。そのため、次に運動をおこなう際には、よりその運動の意図に合った動きができるようになる。動作課題を学習する際の学習の"交差性効果"は非常に少ない。多くの研究では、ある動作に関するトレーニングをおこなった際に、実施していない動作の向上は、たとえその動作と近似していたとしても、10〜20%程度であると報告されている。このことからも明らかなように、運動学習や運動プログラムの特異性は非常に高いことがわかる。

ヒトにおいて、運動スキルのトレーニングは伸張反射の変化ももたらすことが報告されている。伸張反射の変化は感覚ニューロンと運動ニューロンのシナプス結合の変化によって生じ、反射がより鋭敏になるにしたがって神経伝達物質の放出量が多くなる。しかしトレーニングを

休止すると、反射は低下して感覚神経から放出される神経伝達物質量は少なくなる。

　伸張反射の個人差は、各自の身体活動の程度によって異なるが、競技間でも大きく異なる。長距離選手の反射は一般的に強いのに対し、短距離選手の反射は弱い。バレーボール選手やバレエダンサーのように爆発的な運動をコントロールするような動作が要求される人たちの反射も小さい。ただし、このような選手は拮抗筋の抑制性が減弱されており、このことは拮抗筋の活動性を高めることを容易にして、関節の安定性を高めることに貢献している。このような適応は、多くのバレエ動作で求められる関節安定性（特に足関節の安定性）を高めて適切なバランスをもたらすのである。

●運動学習の段階

　運動学習過程には３つの段階がある。最初の段階は「**理解相**（understanding phase）」であり、運動課題が理解されるが、運動プログラムに生じる変化は少ない状態である。この相の期間は課題の複雑さに依存する。したがってこの相では口頭での教示が運動パフォーマンスの大きな向上をもたらす。次の「**運動相**（motor phase）」では実施される運動がしっかりと適応され、一連の運動活動において継続的な細かい修正が施される期間である。この相では、大脳皮質の活動も顕著に増加している。しかしながら、運動は完成されているわけではないため、運動を実施するたびに異なる動作をしてしまう。その後数ヶ月、場合によっては数年を経過すると、学習は「**自動化相**（automatic phase）」に移行する。この相になるとパフォーマンスのほとんどが無意識でおこなわれ、その他の意識過程からの最小限の情報入力で運動が実施される。この段階になると、パフォーマンスは毎回、非常に正確におこなわれる。運動プログラムが最適化されて運動のパフォーマンスが感覚フィードバックに頼らなくなると、意識を他の目的に転換することが可能となる。私たちはスポーツにおけるいろいろな場面で、このような動作の"自動化"を経験する。例としてサッカーのキックの練習が挙げられる。最初はほとんどの注意が軸足の位置や蹴り足に注がれる。そして選手がいろいろな状況でパスの練習をおこなうと、徐々に自身の位置などのキック動作自体に注意を向けることが少なくなり、仲間や相手選手に注意を向けられるようになる。この学習過程はすべて大脳皮質でおこなわれ、この運動に関係する大脳皮質の運動野は学習前後で変化することはない。このことからもわかるように、一般的に考えられているように脊髄がこの自動化相を調整するということはないのである。

7. 筋力増強に対するトレーニング効果

　筋力トレーニングやその他の無酸素性トレーニングを通じて、筋力やパワーは増大する（図62参照）。最も大きな筋力増大は筋力トレーニングの初期に生じ、この筋力増加は神経系の適応によってもたらされる（図63参照）。神経は神経インパルスの頻度を増加させる。また、トレーニングによって異なる筋線維タイプの収縮が同期化するとともに、主働筋の収縮と拮抗筋の弛

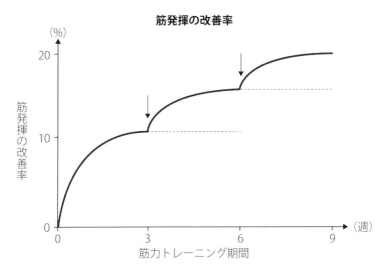

図62　筋力トレーニング期間中の筋力の発達
筋力トレーニングのプログラム内容（負荷）がそのままであれば、3週間で発達は定常状態（プラトー）になる。3週間ごとに負荷を徐々に増加させる必要がある。

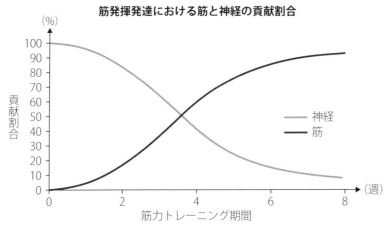

図63　筋力トレーニングを開始した最初の8週間の筋力増加における筋と神経の貢献割合
トレーニングプログラム開始後、まず神経系が改善し、その後筋が発達していくことに注目。

緩の協調関係が生じる。その後数週間トレーニングを継続すると、筋が肥大して、それ以降の筋力増強に貢献する。ただし、同じ負荷のトレーニングを継続していてはそれ以上の筋力増加は起こらないため、さらに筋力を向上させるためには、トレーニング負荷を上げていく必要がある（図62）。

　筋力トレーニングでは、静的な状態における筋収縮である**等尺性収縮**（isometric contractions：筋が長さを変えずに張力を発揮；関節角速度は 0°/秒）、動的な状態における筋収縮である**短縮性収縮**（concentric contractions：筋が縮むことで張力を発揮；関節角速度は360〜 0°/秒）

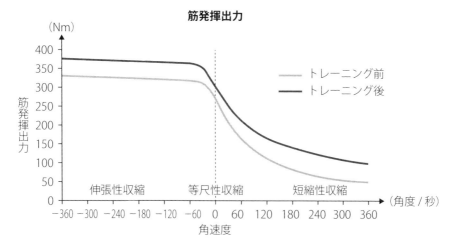

図64　伸張性、短縮性、等尺性筋収縮をともなう筋力トレーニング（高強度負荷）の前後における筋力の発達変化
筋力トレーニングによって、すべての角速度（対象となる筋の収縮に関する関節の動く速度）で筋収縮の出力が改善された。

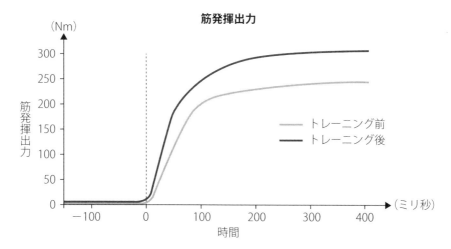

図65　筋力トレーニングの前後における筋収縮の立ち上がり速度の比較
トレーニング後に、立ち上がり速度が顕著に向上することに注目。

および**伸張性収縮**（eccentric contractions：筋が伸ばされるときに張力を発揮；関節角速度は 0 〜–360°/秒）のそれぞれの筋収縮形態における筋力の向上を期待するが、その向上度合いは実施する筋力トレーニングのタイプによって異なる。**図64**は 8 週間の筋力トレーニングプログラムの効果を示している。この筋力トレーニングプログラムによって、さまざまな関節角速度のそれぞれの形態における筋収縮出力の明らかな向上がみられた。また、高強度の負荷をかけた筋力トレーニングでは、最大収縮率（負荷なしでの収縮）を大幅に改善することも示された。さらには、この種の筋力トレーニングは、動作開始時における筋力の発揮スピードを

示す"**力の立ち上がり率**（rate of force development：RFD）"も向上させることがわかった（**図65**参照）。RFDの向上は、空手の蹴りやハンドボールのカウンターアタック時の最初の一歩目のように、加速力が重要な要素となる多くの競技種目にとって有利となる。

8. 筋力トレーニングによる筋の変化

　一定期間の筋力トレーニングによって筋肥大がもたらされる。高重量を用いたトレーニングでは、すべての筋線維タイプが大きくなる（肥大する）。高強度の爆発的な運動様式のトレーニングではおもにFT線維が動員される。したがってトレーニング後の筋断面積に対するFT線維の占有率が大きくなり、筋はより大きなパワーを発揮できるようになる。しかしながら、FT線維の数は多くならない。

　トレーニングによって筋線維数が増加するという根拠はないが、筋線維はあるタイプから他のタイプに変換されることはある。例えば、エリート短距離選手を対象にした研究では、3ヶ月間の爆発的な高強度の筋力トレーニングとショートインターバルトレーニングを複合させたトレーニングをおこなった結果、FT線維の割合が増大し、ST線維の割合が減少していた（**図66**参照）。これはトレーニングによってST線維とFTx線維がFTa線維に変換されたことを示している。このような筋線維の変化は筋力やスプリントパフォーマンスの向上にもつながっている（図66参照）。

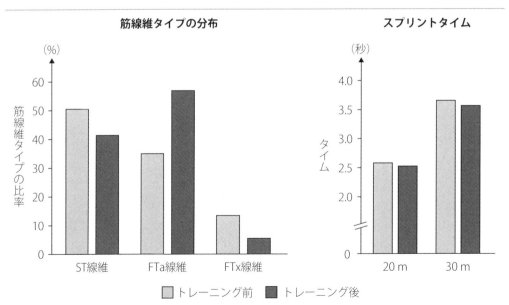

図66　8週間の筋力トレーニングの前後における、エリート短距離選手の筋線維タイプとスプリントタイムの変化
トレーニング後にはFTa線維が増加し、20mと30mスプリントパフォーマンスも改善した。

短距離選手にとってST線維数の減少が有利であることは明らかである。一方、FTx線維は実質的にFTa線維よりも筋収縮力が大きいため、この線維の割合が減少することは必ずしもパフォーマンスにとって有利にはならないと思われる。しかしながら、FTx線維を多く有する短距離選手は優れた爆発的運動ができるにもかかわらず、おそらく100m走のパフォーマンスではFTa線維を多く有する選手に負けてしまうだろうし、400m走ではほぼ間違いなく負けるだろう。この理由は、FTx線維が非常に速く疲労してしまうからである。これは、先に述べた研究結果において、FTx線維が少なくなるにもかかわらず、なぜ短距離選手の走スピードが向上するかを部分的に説明するものと考えられる。FTx線維にとっての最適な運動時間は、ウェイトリフターや高跳び選手のパフォーマンスがその例であるように、2〜3秒以下である。このように、先に述べた研究結果において、FTx線維の割合が少ないにもかかわらず短距離選手のパフォーマンス向上がもたらされたのは、トレーニング後にFTa線維の割合が増加し、より高い爆発的な神経インパルスが筋に伝えられるようになったからであろう。研究結果によれば、一般的に、すべてのトレーニングは対象筋のFTx線維の数を減少させる。例えば、優れたマラソン選手の筋をみると、彼らはトレーニングによって、筋サンプルにおいて視覚的にはFTx線維がみられないようになる。

　その他の近年の研究によると、14週間の高強度の筋力トレーニングと続く12週間のトレーニング休止期間中に、FTx線維の割合がトレーニング前の2倍になることが報告されている。この変化はおもにFTa線維がFTx線維に変換されることによって生じている。高強度トレーニング後にトレーニングを休止するやいなや、明らかにFTx線維が形成される。筋線維タイプによって収縮率が顕著に異なることからも、FTx線維の割合の増加はパフォーマンスに影響する。したがってFTx線維の割合を多くして、より爆発的なパワーを生み出したい場合には、一定期間の高強度の筋力トレーニングを実施した後にトレーニング量を減少した期間を設けるとよいだろう。このような期間をテーパリングと呼び、重要な試合の前にテーパリング期間を設定することは、より爆発的ですばやい動作を獲得する上で有利となる。

◆要約と学習課題

要約

　反射を除くすべての運動は、大脳皮質内で生じる運動プログラムによって生み出されている。反射を含む運動は、運動神経によって刺激される筋あるいは筋線維の複雑な交互作用によって成り立っており、これには筋からの感覚フィードバックも影響している。トレーニングを継続することによって"自動化"と呼ばれるメカニズムが作用し運動は最適化される。また、筋出力の向上は、神経刺激量の増大や同期化、そして各筋線維の特徴に依存する。筋力トレーニングは、トレーニング初期には神経系の要因を改善することで最も著しい筋力向上をもたらし、そ

の後は筋肥大のような筋の適応によって筋力向上をもたらす。

復習問題

1．運動ニューロンとは何か？
2．感覚ニューロンとは何か？
3．運動単位とは何か？
4．神経細胞はどのように"情報伝達"をおこなうか？
5．伸張反射を説明せよ
6．腱が伸張された時にはどのような反射が生じるか？
7．交差性伸展反射について説明せよ
8．運動学習の各相についてそれぞれ説明せよ
9．筋力トレーニング初期に生じる筋力向上要因について説明せよ
10．筋力トレーニングはどのように筋線維タイプの分布に影響するか？
11．筋力トレーニングはどのように筋線維のサイズに影響するか？

第12章 スポーツパフォーマンス

Performance

　図67は、スポーツのパフォーマンスに影響を及ぼす要因をまとめたものである。

　スポーツのパフォーマンスは、アスリートの技術、戦術、心理・社会的、そして体力的特性から決定される。これらの要素はそれぞれ密接に関連しており、例えば、体力レベルや戦術的理解度が不足している球技選手は、その種目の技術的能力を発揮することはできないだろう。アスリートに課せられる体力的要求（能力）は、さらに以下のカテゴリーに分類できる。

- 一定時間もしくは間欠的に長時間運動できる能力（例：持久的能力）
- 高強度で運動できる能力
- スプリント能力
- 高いパワーを発揮できる能力

　これらのカテゴリーで発揮されるパフォーマンスは、神経系、呼吸系、心臓循環系、そして筋系の働きをベースにしている。こうしたさまざまな系と組織の機能レベルは、おもに遺伝的要因によって決定されるが、適応の度合いに幅があるもののトレーニングによっても開発は可能である。例えば、普段トレーニングをしていない人の最大酸素摂取量は、数年間のトレーニングで2倍に、持久的能力は5倍以上に向上する。パフォーマンスは、年齢、発育発達度合、性別に強く関係し、環境条件や栄養状態といった外部的要因によっても影響を受ける。この章では、パフォーマンスの制限要因についても議論する。例えば、さまざまなタイプの運動中の疲労の原因や、どのようなトレーニングがパフォーマンスを制限せずに向上させることができるのかなどである。加えて、後半では、すでにトレーニングを積んでいる人たちに対する高強度トレーニングの効果に焦点をあてる。

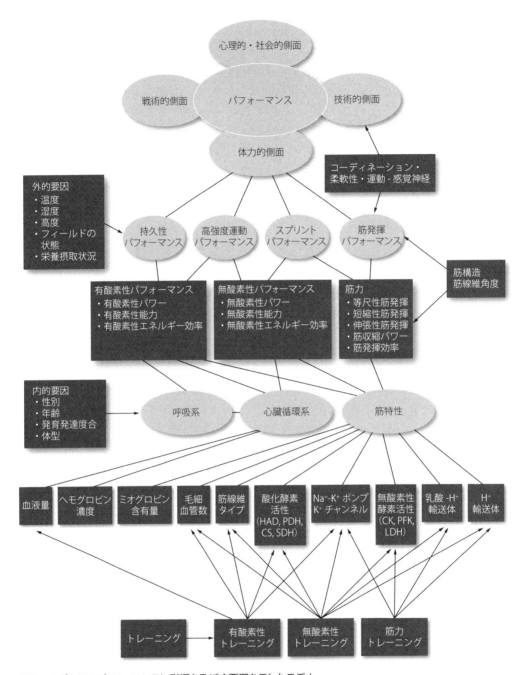

図67　スポーツのパフォーマンスに影響を及ぼす要因を示したモデル
スポーツのパフォーマンスは、アスリートの技術、戦術、心理・社会的、身体的能力により決定される。これらの領域はお互い重なり影響し合う。体力的要因は、さらにいくつかに分類される。これらの要素もたくさんの要因に依存している。呼吸や心臓循環系の能力、筋と神経の相互作用は、身体的パフォーマンスのベースとなる。これらの要素は遺伝的要因によるところが大きいが、トレーニングを通して発達させることができる。競技パフォーマンスは、環境条件や競技前の食事といった外的要因によっても影響を受ける。

1. 高強度運動中のパフォーマンス

　短い時間の高強度運動を伴うスポーツでみられる高いパフォーマンスには、無酸素性の高い運動能力が求められる。つまり、良いコーディネーションスキル、すばやく力を発揮する高い能力、そして無酸素性エネルギーの高い生成率（すなわち、最大無酸素性パワー）の適切な組み合わせである。加えて、数秒でも長く運動をおこなうために、大容量の無酸素性エネルギーの生成能力（すなわち、無酸素性能力）とよく発達した有酸素性システムも要求される。

❶短時間の最大運動中のパフォーマンス

　短時間の最大運動中のパフォーマンスは、すばやい力の発揮と無酸素性エネルギーの生成能力と密接にかかわっている。最大パワーはさまざまなタイプのトレーニングによって向上させることができる。スピードトレーニング（例えば、10秒以下の最大運動を繰り返す）と筋力トレーニングはともに、最大無酸素性エネルギーの生成、筋量や筋力の増加に効果がある。スピード持久力トレーニング（例えば、乳酸を大量に産生する強度でおこなう乳酸産生トレーニング）もまた、無酸素性エネルギーの利用効率を向上させる。そのトレーニングを実際の競技を模した動きでおこなえば、より良い筋のコーディネーションと最大運動時のすばやい力の発揮能力が改善されるだろう。FT線維はST線維よりも力発揮速度が速いことから、FT線維の割合が増加するといった筋線維タイプ比率の変化もこのパフォーマンス改善に寄与するであろう。つまり、スプリント系の競技（例えば、陸上の100m走や競泳50m自由形）だけではなく、格闘技や球技においても、パフォーマンスは改善されるのである。特に格闘技や球技では、相手との攻防あるいは方向変換やフェイント動作において大きなパワーをすばやく発揮する能力が、競技結果を求めるうえでの重要な要素となるのである。

❷高強度で継続する運動中のパフォーマンス

　1分を超えて高強度で継続する運動中のパフォーマンスは無酸素性能力に関連しており、それは言わば、疲労困憊に至るまでに人間が無酸素性エネルギーを放出する最大限の能力を示している。競技でいうと、陸上の800m走、競泳200m、カヤック1000mなどの競技にあたり、これらの競技の選手達は、無酸素性能力全体をうまく活用していることになる。アイスホッケーやバスケットボールといったスポーツでも、この高い無酸素性能力によって、長い時間にわたるハイテンポのゲームを維持することが可能となる。最大運動の強度には達しないが、最大酸素摂取量強度よりも高い運動強度であれば、数分以内に疲労が引き起こされる。もし疲労が早い段階で始まると、例えば400m走であれば、ほとんどの選手は最後の100mはスローダウンを余儀なくされるであろう。なぜこのような疲労が引き起こされるのか、ここから考えてみたい。

2. 高強度運動中の疲労

　短時間の高強度運動においては、乳酸の蓄積とそれに伴う酸性状態（すなわち、pHの減少）が疲労を引き起こす、と長年信じられていた。しかしながら、これは動物実験の結果からであり、ヒトの研究ではその疲労仮説を支持することはできなかった。例えば、**図68**に示すように、高強度での片足キック運動を1時間の休息を挟んで2回同じ強度でおこない、それぞれ疲労困憊のポイントで筋の乳酸濃度とpHを測定した実験では、1回目に比べて2回目の運動終了時のほうが、乳酸レベルは有意に低く、pHは高い、というものであった。もし、高い乳酸濃度や低いpHが疲労の原因であったなら、運動終了時においては両方とも同じレベルになるはずである。

　別の研究では、高強度運動中の疲労の原因が、活動筋におけるカリウムの蓄積である可能性を示唆している。激しい運動中には、**カリウムイオン**（potassium ions；K^+）が筋細胞から大量に放出される。**図69**に示すように、筋細胞の表面（細胞膜）には**ナトリウム-カリウムポンプ**（sodium-potassium pump；Na^+-K^+ pump）があり、**ナトリウムイオン**（sodium ions；Na^+）を細胞外へ移動させ、カリウムイオンを細胞内へ取り込む働きをしているが、細胞内へ回収しきれなかったカリウムイオンが筋細胞周辺に蓄積されることによって疲労が引き起こされるとも考えられている。

　図70は高強度運動中の疲労進行の仮説を図示したものである。高強度の運動中、筋は小規

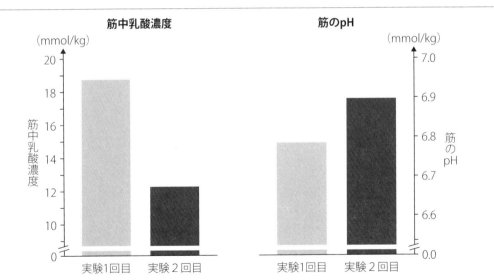

図68　同じ高強度の2つのキック運動を、1時間の休息を挟んでおこなった際の、2回それぞれの疲労困憊ポイントでの筋の乳酸濃度とpH

1回目の運動と2回目の運動後、筋のバイオプシーをおこなった。運動終了時においては、1回目に比べて2回目のほうが乳酸レベルは低く、pHは高いという結果になった。このことから、疲労にはこれらの要因が関係しないことが示された。なお、2回目の疲労困憊に至るまでの運動時間は、1回目と同等であった。

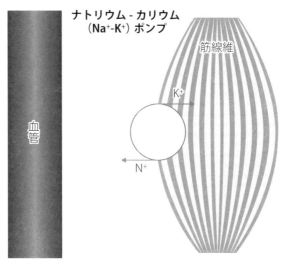

図69　ナトリウム-カリウムポンプシステムの機能

ナトリウム-カリウムポンプは筋線維の筋細胞膜上に存在し、カリウムイオンを細胞内に、ナトリウムイオンを細胞外にそれぞれ移動させる。

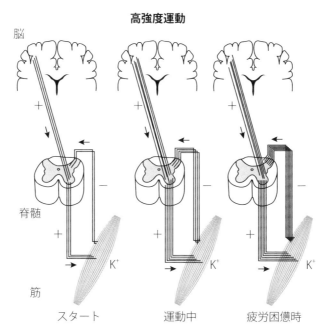

図70　高強度運動中の疲労進行の仮説

運動を開始したとき、筋のカリウムイオンの蓄積はある程度調整されているが、さらに運動を続けるとカリウムイオンが多く蓄積され、筋からの抑制性信号を刺激する。そして、収縮している相当数の筋線維の活性を抑制するほど強力な刺激となる。さらに、カリウムイオンの蓄積は、筋細胞膜から拡散する活動電位を減少させ、筋の収縮ができなくなるまでパワーを失わせる。

模ニューロンを通じて脊髄へ信号を送る。これらの信号は、筋を収縮させるメッセージを送る運動神経の一部を抑制する。運動を開始するとき、この抑制よりも筋線維の活性のほうが勝っているが、運動を続けると多くの抑制性信号が徐々に増えていく。そしてある時点を迎えると、いくら努力しても運動強度はそれ以上維持できなくなる。おそらく、筋細胞周辺のカリウムイオンの蓄積がこの抑制性信号の引き金となり、筋の収縮能力が制限されると考えられている。さらに、カリウムイオンの蓄積は、筋細胞膜へ拡散する活動電位のサイズを局所的に減少させる。つまり、筋線維の収縮パワーを減少させ、最終的に筋が収縮できなくなるのである。それゆえ、カリウムイオンの蓄積は、短時間運動中の疲労を促進する原因と考えられている。このメカニズムはまた、サッカーのような間欠的なスポーツでも影響を及ぼす可能性があり、試合中の激しい動きのあとの一時的な疲労の原因であるかもしれない。

　しかしながら、現在では、激しい運動中に直接的に疲労を引き起こす要因を同定することは不可能である。おそらく、疲労はいくつかの要因の複合的作用の結果である。例えば、乳酸産生の増加がpHを低下させ、その結果、筋線維の細胞膜上の**カリウムチャンネル**（potassium channels）がさらに開くことになる。したがって、大量のカリウムイオンが筋細胞から失われ、それが前述した高強度運動中の疲労を進行させる重要な要因となるようである。したがって、筋における低いpHは筋収縮の間接的な抑制要因であるといえる。

3. 高強度運動中のパフォーマンスに対するトレーニングの効果

　高強度の運動中のパフォーマンス（すなわち、同じ強度でより長時間運動する能力と同じ時間でより高強度に運動をおこなう能力）は、スピード持久力トレーニング（無酸素性）や有酸素性トレーニングによって向上する。何がパフォーマンスの改善を引き起こすのか？　一つの理由は、トレーニングによって、相当数のナトリウム-カリウムポンプが新たに産生され、カリウムイオンの細胞内への再取り込み能力が高くなることである。それによって、筋細胞外のカリウムイオンの蓄積量は同じ強度の運動中でも少なくなり、カリウムイオンの細胞外濃度が運動の限界レベルに達するまでの時間が長くなる。もう一つの大きな要因は乳酸と水素イオン輸送体の増加であり、それによって乳酸と水素イオンの細胞外への運搬能力が改善される。結果として、同じ運動強度および時間においては、筋細胞内に蓄積される乳酸と水素イオンの量が少なくなる。さらには、より多くのタンパク質が合成され、マイナス電荷のタンパク質が増加することで、筋における緩衝能が向上する。また、これらのマイナスイオンは、制限なしにプラス電荷の水素イオンと結合する。すなわち、高強度運動中の筋細胞内のpHの低下が抑制される。筋細胞内を弱酸性状態に保つことは、他の効果もともないながら、より少ないカリウムチャンネルを開くように作用する。したがって、個々の筋細胞からのカリウムイオンの漏れだしが少なくなり、結果としてパフォーマンスを改善する。

　一定期間の無酸素性トレーニング後の最大下運動中にみられるパフォーマンスの改善は、

ATPとクレアチンリン酸の濃度がトレーニング後に変化しないことから、リン酸貯蔵量の変化によるものではないことがわかる。無酸素性、有酸素性トレーニングの両方ともに、筋グリコーゲン量を増加させるが、運動開始時の**グリコーゲン分解**（glycogenolysis）や解糖率は、運動開始時の筋グリコーゲンレベルに依存しないことが報告されていることから、グリコーゲンの増加はおそらくパフォーマンス改善の理由にならないようである。しかし、球技のように最大を超える運動が何回も繰り返されれば、こうした運動中の疲労が筋線維でのグリコーゲン枯渇に関連することから、運動前の高い筋グリコーゲンレベルによって運動能力を向上させることができるであろう。ただし、長時間の間欠的運動中の疲労は、脱水など別の要因により引き起こされるのかもしれない。

　有酸素性トレーニングは高強度運動中のパフォーマンスにも効果的である。一定期間のトレーニング後、運動開始時の酸素利用能力が改善され、最大酸素摂取量も増加する。つまり、単発の高強度運動において、より少ない無酸素性エネルギー生成量で済むようになり、結果、より長い時間運動し続けることができるようになる。有酸素性トレーニングによる別の重要な効果として、個々の筋線維への血液供給が改善され、血液によるカリウムイオン、水素イオン、乳酸の除去能力が高まる。それゆえ、同じ運動強度でも、より少ないカリウムイオンの蓄積で済むようになり、結果として疲労が先送りされる。さらに、有酸素性トレーニングをおこなうと、回復が早く、高強度運動後のクレアチンリン酸の再合成もより早くおこなわれる。研究結果は、回復能力と、毛細血管発達、酸化酵素の量、筋線維のミトコンドリアの数とでそれぞれ高い相関関係を示し、それらはすべて有酸素性トレーニングのあとに増加する。高強度運動を繰り返しおこなう球技種目のようなスポーツでは、高い回復能力は大変重要で、試合中のパフォーマンス向上だけではなく、トレーニング中の高強度運動の割合を増加させることができ、トレーニングの質が向上する効果もある。

無酸素性トレーニングの効果

エネルギー源
ATP濃度→
クレアチンリン酸濃度→
総ATP量および総クレアチンリン酸量↑
グリコーゲン量↑

酵素活性
非乳酸性酵素↑
解糖系酵素↑
酸化酵素→↑

運動中の反応
最大運動時の筋のコーディネーション↑
力の立ち上がり率↑
筋パワー↑
最大運動中の乳酸産生↑
筋クレアチンリン酸の再合成↑
最大心拍数→
最大心拍出量→
最大酸素摂取量→

体組成
筋量↑→
筋線維タイプの移行:FTx→FTa、ST→FTa
体脂肪組織↓

イオン輸送担体
Na^+/K^+ポンプ↑
乳酸とH^+輸送担体↑
緩衝能力↑

矢印：↓トレーニングにより低下・減少
　　　→トレーニングによる変化なし
　　　↑トレーニングにより向上・増加

図71　無酸素性トレーニングの効果のまとめ

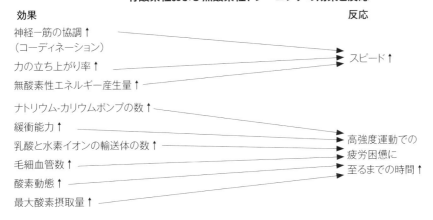

有酸素性および無酸素性トレーニングの効果と反応

効果　　　　　　　　　　　　　　　　　　　　　　　　　　反応

神経-筋の協調↑
（コーディネーション）

力の立ち上がり率↑　　　　　　　　　　　　　　　　　　スピード↑

無酸素性エネルギー産生量↑

ナトリウム-カリウムポンプの数↑

緩衝能力↑

乳酸と水素イオンの輸送体の数↑　　　　　　　　　　　　高強度運動での

毛細血管数↑　　　　　　　　　　　　　　　　　　　　　疲労困憊に

酸素動態↑　　　　　　　　　　　　　　　　　　　　　　至るまでの時間↑

最大酸素摂取量↑

図72　高強度運動中のパフォーマンスに対するおもな無酸素性、有酸素性トレーニングの複合的効果

　筋力トレーニングを含む無酸素性トレーニングによる生理学的適応、すなわちトレーニングを施した筋の局所的効果は、おもに末梢でみられる。無酸素性トレーニングによる重要な生理学的適応（効果）を**図71**にまとめた。一方、**図72**には、高強度の無酸素性、有酸素性トレーニングによるさまざまな種類のパフォーマンスの改善（例えば、スピードや疲労困憊に至る時間など）が、どのような効果によるものなのかを示した。

4. 長時間運動中の疲労

　図73は、さまざまな強度での運動中の筋グリコーゲン量の減少を示している。すなわち、運動が進むにつれて、筋グリコーゲン量は減少し、より高い運動強度では、グリコーゲン量の減少も速くなることがわかる。

　ある研究では、運動開始時の筋グリコーゲン量と長時間運動の運動量との間に関連があることを示している。中強度のある程度続く運動中の疲労は、多くの筋線維で運動強度を維持するためのグリコーゲンが枯渇したときにみられる。しかし、高強度の運動では、わずかな数の筋線維でしか枯渇が起こっておらず、しかも疲労時点における筋グリコーゲンの平均濃度が高いにもかかわらず、その運動強度を維持できなくなっている。

　したがって、最大酸素摂取量の70〜80%強度（中強度）で1〜2時間運動するときには、おそらく筋のグリコーゲン貯蔵レベルがパフォーマンスを制約することになる。さらに低強度の長時間運動では、疲労は肝臓のグリコーゲン枯渇とも密接に関係する。肝臓は血液にグルコースを供給するが、非活動筋からは貯蔵されているグリコーゲンをグルコースに分解して血液に放出することはない。すなわち、エネルギー源としてグルコースや乳酸を利用する脳にとって、

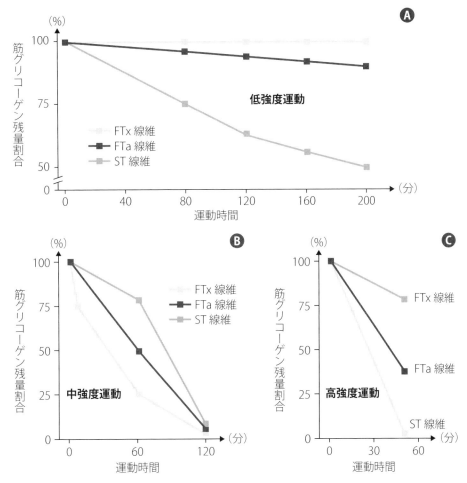

図73　低強度（Ⓐ）、中強度（Ⓑ）、高強度（Ⓒ）運動中の筋グリコーゲン量の減少
中強度や高強度とは異なり、低強度では疲労困憊まで至っていない。

肝臓が唯一のグルコースの供給器官となる。一方で、活動筋の貯蔵グリコーゲンがほとんどなくなったときには筋は血液からグルコースを絞り出さなければならず、血中グルコースは脳と活動筋が取り合うことになる。一度肝臓グリコーゲンが枯渇して血中のグルコース濃度が長く維持できなくなると、脳へのグルコースの供給が阻害される。すると、通常の脳活動が抑制され、疲労と筋コーディネーションの不具合が続いて起こる。短時間運動の疲労の進行とは対照的に、長時間の運動中（30分以上）の疲労では、筋の乳酸やカリウムイオンの顕著な蓄積は生じていない。

　筋と肝臓における十分な量のグリコーゲン貯蔵は、長時間運動のパフォーマンス発揮に欠かすことができない。つまり、試合数日前の食事の内容は持久的スポーツのパフォーマンスに影響を及ぼし、高炭水化物食がグリコーゲン貯蔵を十分満たすために重要である。1時間以上の

長時間運動では、試合やトレーニング中にも炭水化物を摂取すべきである。体はグリコーゲン貯蔵を保とうとするが、このことは運動強度を維持することと折り合いがつかないことであり、強度を落とすか運動を中止するしかない。マラソンランナーは、この炭水化物の枯渇が壁となって現れるパフォーマンスの低下をよく知っている。

　休憩を挟む間欠運動を伴うスポーツでも、アスリートは壁の存在を知っている。サッカー選手における研究では、筋グリコーゲン量を筋バイオプシーによって試合前、ハーフタイム、試合後に測定し、選手の試合中の運動量もビデオ分析から測定した。試合に出場したすべての選手が試合後には、ほとんど同程度の筋グリコーゲン量レベルであったが、試合前に最も筋グリコーゲン量レベルが高かった選手は、最も多くのグリコーゲンを消費し、最も長い走行距離を示した。つまり、サッカーの試合中にみられる運動量に対して、筋のグリコーゲン量レベルは重要な要因であることがわかる。

　図74は、あるサッカー選手のシーズン中のある1週間の筋グリコーゲン濃度の変化を示している。トレーニングや試合のあとにできるだけ早くグリコーゲンを補充することは、次の活動に向けて準備するために非常に重要であることがわかる。もし、グリコーゲン貯蔵量がほとんどない状態から元に戻すとすると通常は1日かかり、サッカーの試合後だと高炭水化物食であっても数日間を要する。通常の食事で貯蔵量を再び満たすには、2～3日を要する。このことからも、アスリートは食事の中の炭水化物の割合を一般的に推奨されている55～60%よりも60～65%まで高く設定すべきである。

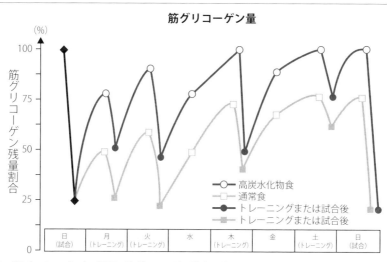

図74　サッカー選手のシーズン中1週間の筋グリコーゲン濃度の変化
日曜日に試合；月曜日に軽いトレーニング；火曜日と木曜日に中程度のハードトレーニング；土曜日に軽いセッション；水曜日と金曜日は休養日。高炭水化物食をとらせた選手と通常食をとらせた選手とに分けて比較した。筋グリコーゲン量は、高炭水化物食のグループは日曜日の試合後からすばやく回復している。つまり、このグループにはその週に高強度のトレーニングを施すことができるであろう。一方、通常食のグループは次の試合前の筋グリコーゲン量が十分回復せず、パフォーマンスは制限されるであろう。

食事を計画するとき、グリコーゲンを正しく補充するためには、炭水化物の量とタイプ、そして食事の時間を考慮するべきである。1日に2回トレーニングをおこなう選手にとっては、トレーニング後すぐに炭水化物を吸収するために、できるだけ早く食べることが重要である。例えば、糖と炭水化物はコーンフレークやミューズリーなどのシリアルの中に混ぜることができる。これらを摂取したときのグリコーゲンの再合成は、米やポテトといった吸収の遅い炭水化物と比較して早くおこなわれる。もし、1日に1回のトレーニングの場合には、グリコーゲンを蓄積するための時間が十分あることから、摂取する炭水化物のタイプをそれほど気にしなくてよい。興味深いことに、グルコースの筋への取り込み率は運動直後に最大になる。その理由として、運動直後にインシュリン感受性が増加すると同時に、筋線維の細胞膜内のグルコース輸送タンパク質も多くなる。したがって、トレーニングや試合後すぐの飲食は大変有効である。

5. 長時間運動中のパフォーマンス

　図75は、持久的なパフォーマンスの決定要素を図示したものである。
　長時間の持続的運動中のパフォーマンスは、その個人の有酸素性能力に関係し、それは最大酸素摂取量、作業効率、そして最大酸素摂取量のどのくらいの割合を使用できたかで評価することができる。ランニングを例にすると、レース中のランニングパフォーマンスは、相対的運動強度（％最大酸素摂取量）に、ランニング効率によって除された最大酸素摂取量をかけたものから算出する。

レース中のランニングスピード（km/分）
＝［相対的運動強度(%)／100］× 最大酸素摂取量（ml/分/kg）／ランニング効率（ml/km/kg）

　例えば、最大酸素摂取量80 ml /分/kg、レース中の相対的運動強度90％最大酸素摂取量、ラ

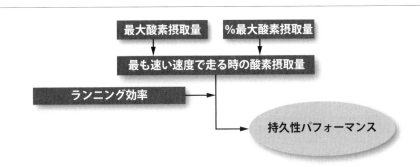

図75　持久的なパフォーマンスの決定要素
持久的なパフォーマンスを見積もるには、最大酸素摂取量、相対的運動強度、ランニング効率を利用する。

ニング効率220mℓ/km/kgのマラソンランナーの平均ランニングスピードは19.6km/時と算出でき、フルマラソン（42.195km）のタイムに換算すると2時間9分となる。ただし、このときに無酸素性エネルギー生成は考慮されていないことに注意する必要がある。無酸素性エネルギー生成の関与は全体の比率でみると少ないが、レース終盤のスプリントでは重要になる。

　相対的運動強度は、その選手が30分以上走り続けることができる最大酸素摂取量に対する割合で示される。レース中により高い相対的運動強度で走ることができれば、より良いパフォーマンスを示すことを意味する。この関係の1つの例を説明する。2人のマラソンランナーは両者とも80mℓ/分/kgの最大酸素摂取量である。しかし1人は相対的運動強度が88%最大酸素摂取量、もう1人は83%最大酸素摂取量であった。前者は80×88/100＝70mℓ/分/kgの強度で運動し続けることができ、後者は80×83／100＝66mℓ/分/kgになる。これをフルマラソンレースに換算すると、6分以上の差になる。加えて、2人のランニング効率は5-10%の違いになるので、2人のパフォーマンスの差はさらに大きくなるだろう。

　毛細血管の数、酸化酵素の活性レベル、ミトコンドリアの数を含めた骨格筋での末梢の機能は、ランニング中の相対的運動強度、すなわち持久力に影響を及ぼす。これらの末梢要因の高いレベルとは、適切な基質を利用でき（例えば、脂肪燃焼の増加）、そのため、筋の貯蔵グリコーゲンの利用を少なくすることである。つまり、より多くの炭水化物をとっておける選手ほど、マラソンのような高強度の最大下運動を長い時間続けることができる選手ということである。

　ランニング効率（running economy）は、ある速度で走るために必要な酸素量を示す。したがって、良いランニング効率とは、ある速度をできるだけ少ない酸素摂取量で走ることを意味している。ランニング効率は、筋のパワーや関節の柔軟性などさまざまな要因に依存し、トレーニングによって改善することができる。最近の研究では、ケニアの中・長距離ランナーの成功の理由の一つとして、彼らの軽い体重と下肢に関連した、突出したランニング効率をあげている。細いふくらはぎの筋と長い足の組み合わせによって運動負荷量が軽減され、結果として1ステップごとのエネルギー代謝の回転を減らしている。この体型は遺伝的に決定されていて、世界のエリートランナーは、極端に高い最大酸素摂取量と良いランニング効率を持っているか、もしくはそこそこに高い最大酸素摂取量と突出したランニング効率を持っているかのいずれかである。

●有酸素性能力の測定

　有酸素性能力（持久力）は最大下運動を長時間続けられる能力で、さまざまな実践的テストで測定できる。しかしながら、有酸素性能力は、テストで使用する走路の表面の状態や環境条件といったいくつかの外的要因によって大きく影響を受ける。したがって、テストの結果を評価する際には、これらの要因を十分考慮する必要がある。実験室での測定では、有酸素性能力は最大下運動強度で運動できる最長時間から測定される。テストは、そのアスリートが関係する動き、例えば、長距離ランナーに対しては持続的運動で、球技の選手には間欠的な運動でおこなわれなければならない。

最大下運動中の血中乳酸濃度は、持続的運動を伴うスポーツにおける有酸素性能力の良い生理学的指標となる。例えば、長距離ランナーに対する研究結果では、血中乳酸レベルが2.5〜3 mmol/ℓのときの走行スピードは、5000mやそれ以上の距離のレースパフォーマンスと強い相関があることが示された。この乳酸濃度に相当する走行スピードが速いほど、パフォーマンスも優れていた。この走行スピードは、複数の最大下運動のそれぞれの運動直後に腕の静脈から採血されたサンプルの乳酸レベルから推定できる。例えば、14km/時と15km/時での血中乳酸レベルがそれぞれ、2.5mmol/ℓと3.5mmol/ℓであったとき、3 mmol/ℓに相当する走行スピードは14.5km/時となる。

　最大下運動中の血中乳酸レベルが長距離走のような持久的スポーツのパフォーマンスと相関する理由は、血中乳酸レベルが酸化酵素や筋の毛細血管の数と反比例の関係にあることがあげられる。これらの要素は、30分以上運動を続けることができる相対的運動強度を高く維持するために必要不可欠であることからも、持久力を決定づける重要な因子であると考えられる。ワールドクラスのマラソンランナーは、90%もしくはそれ以上の相対的運動強度で走り続けることができる。したがって、マラソンレース中、このレベルのランナー達は最大酸素摂取で到達する22km/時の90%のスピードに相当する20km/時のスピードで走っていることになる。

6. 有酸素性能力に対するトレーニングの効果

　有酸素性能力は、最大有酸素性パワー（最大酸素摂取量）とレース中の相対的運動強度（ランニング速度）を高め、ランニング効率を改善することにより、向上させることができる。これら3つの要素は計算式上の関係からすると、最大酸素摂取量の増加は有酸素性能力にプラスの作用を及ぼすが、他の2つの要素の変動はその効果を打ち消す形で作用する。言い換えると、もしトレーニングが最大酸素摂取量の改善だけに焦点を当てていると、レース中の低い相対的強度やランニング効率は改善されず、結果として持久力は低下するかもしれないのである。

　最大酸素摂取量と他の2つの要素（相対的運動強度とランニング効率）が同時に変化することは実験的に証明されているが、それぞれの要素については改善する最適の方法が異なるため、トレーニング計画を立てるうえでは注意が必要である。ある研究では、**図76**に示されているように、よくトレーニングされたランナーがトレーニングを2週間中断したき、最大酸素摂取量の減少は2〜3%であったが、最大下強度での疲労困憊までの運動持続時間でみたパフォーマンスは、25%も減少したことが報告されている。すなわち、最大酸素摂取量は、持久力の決定要因ではないということだけでなく、持久的パフォーマンスで大変重要となる筋代謝（基質の代謝）の変化をも反映していなかったのである。

　レース中の相対的運動強度は、脂肪の酸化や筋グリコーゲンの節約といった筋の能力に強く関係し、これら2つの要素は有酸素性トレーニングのあとに改善されることが知られている。普段トレーニングをしていない人と比較すると、普段から有酸素性トレーニングをよくおこ

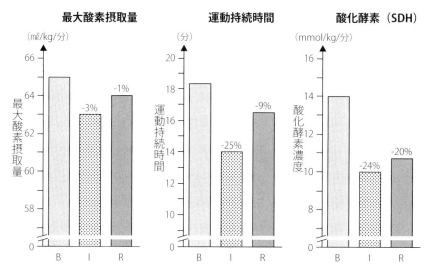

図76　トレーニング中断によるランニングパフォーマンスへの影響

よくトレーニングされたグループの、トレーニング中断前（B）、2週間の中断後（I）、中断明け2週間のトレーニング後（R）のデータ。ランニングのパフォーマンスは、あるスピードでのトレッドミル運動の疲労困憊までの時間で評価した。2週間の中断後はパフォーマンスと酵素活性は同様に大きく減少しているが、最大酸素摂取量はこれらと比較して小さい減少であることに注目してほしい。

なっている人はより高い相対的運動強度でレース中走行できることが示されている。例えば、トップレベルのマラソンランナーは90%最大酸素摂取量強度で走ることができ、また、$\dot{V}O_2$maxは約90mℓ/分/kgなので、フルマラソンのタイムは2時間6分前後に、平均スピードは20km/時に達する。同様に、トップクラスの5000mや10000mランナーでは、それぞれ、98〜100%最大酸素摂取量強度と95〜96%最大酸素摂取量強度で走ることができ、計算上の究極のタイムはそれぞれ13分と27分前後、平均スピードは23km/時と22km/時にもなる。

　近年、ランニング効率の改善は大いに注目されている。より高い最大酸素摂取量を獲得するよりも、ランニング効率を向上させるほうが時間を要するということを多くの研究が示している。このことは、ランナーがすでに長い年月をかけてトレーニングしていても、まだ彼らにパフォーマンス向上の余地があるということの理由となる。ランニング効率の向上のためには、アップヒル走や筋力トレーニングが有効であることが報告されている。陸上競技、トライアスロン、クロスカントリー競技といった持久的スポーツのエリートアスリートは、ランニング効率の改善のために、通常のトレーニングに加えて脚部の筋力トレーニングもおこなっている。ただし、筋力トレーニングと持久力トレーニングを混合しておこなう場合は、ランニング効率にマイナスに影響する筋肥大を促すトレーニングを避けるよう注意しなければならない。

　最近の研究ではさらに、スピード持久力トレーニングによってランニング効率が改善されることも報告されている（p.138参照）。筋力、筋の弾力性、下肢の筋に関わる動きの改善は、ランニング効率を向上させる説明となる。このタイプのトレーニングでは、ストライド幅がよ

り長くなるように改善されることから、あるランニングスピードにおいて、トレーニング前よりも少ない歩数で走ることが可能となり、結果として酸素消費量が減少する。すなわち、ランナーはより長い時間同じスピードで走ることができ、より早いペースでレースを走ることが可能となる。

　あるスポーツのパフォーマンスを改善するためには、そのスポーツ種目の競技中に使われる筋をトレーニング中に働かせなくてはならない。例えば、ボート競技の持久力を高めるためには、ランニングや自転車運動ではなく、おもにボートやローイングエルゴメータでトレーニングするべきである。より幅広い動きを伴うスポーツ種目では、もし最大酸素摂取量を向上させたければ、異なる動きのパターンを混ぜたクロストレーニングも有効であろう。例えば、最大酸素摂取量は自転車運動によって発達するが、自転車トレーニングはすべてのスポーツにみられる要素（心臓血管機能）に効果があることから、その他のスポーツ種目のパフォーマンス向上にも有効だろう。しかしながら、自転車競技以外のスポーツとは異なる筋が使われることから末梢効果（例えば、筋レベルでの効果）には限界もある。

　まとめると、有酸素性トレーニングの生理学的効果は複雑であり、図77と図78に示すように、中枢（呼吸循環系）と末梢（筋）の両方に顕著な適応が現れる。図79は、有酸素性トレーニングによる生理学的効果とそのことによる運動中の生理学的反応の関係を示している。

有酸素性トレーニングの呼吸循環系への効果

呼吸

肺容量→
呼吸筋の持久力と筋力↑
最大下運動中の換気量→↓
最大運動中の換気量↑

心臓循環

心臓
心臓容量↑
（心室容量↑、心筋の厚さ↑）
心臓の毛細血管数↑
心臓収縮力↑

1回拍出量
安静時↑
最大下運動時↑
最大運動時↑

心拍数
安静時↓
最大下運動時↓
最大運動時→（↓）

心拍出量
安静時→
最大下運動時→
最大運動時↑

血液
血液量↑（赤血球の数↑、血漿量↑）
ヘマトクリット値→（↓）
ヘモグロビン濃度→（↓）
総ヘモグロビン量↑

矢印：↓トレーニングにより低下・減少
　　　→トレーニングによる変化なし
　　　↑トレーニングにより向上・増加

血圧
血圧　→↓
（収縮期　→↓　拡張期　→↓　）

酸素摂取量
安静時→
最大下運動時→（↓）
最大運動時↑

図77　有酸素性トレーニングの呼吸および心臓循環系への効果

有酸素性トレーニングの筋への効果

ミトコンドリアの含有量とサイズ↑   グリコーゲン濃度↑   **運動中の反応**
酸化酵素の活性↑   解糖系酵素活性→   活動筋への心拍出量の配分率↑
ミオグロビン量↑→   筋への最大血液流量↑
                                                          最大下運動中の酸素摂取量→
                                                          最大運動中の酸素摂取量↑
筋の毛細血管数↑
基質や代謝産物、酸素の移動する血液と筋線維間の距離↓

筋線維タイプ移行：
FTx → FTa おそらくFTa → ST ）

最大下運動中の：
　　筋中の血液から脂肪の取り込み↑
　　筋中の脂肪の利用↑   矢印：↓トレーニングにより低下・減少
　　筋中のグリコーゲンの利用↓   →トレーニングによる変化なし
　　筋中の乳酸の産生↓   ↑トレーニングにより向上・増加

図78　有酸素性トレーニングの筋への効果

有酸素性トレーニングの効果と反応

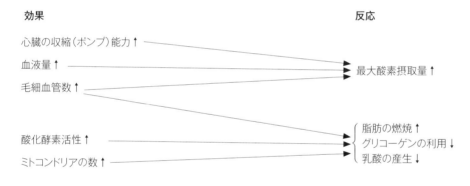

図79　有酸素性トレーニングによる効果と運動中の生理学的反応の関係

7. アスリートに対する高強度トレーニングの効果

　多くの科学的研究において、普段から持久的トレーニングをおこなっているアスリートのパフォーマンスは、最大酸素摂取量の強度よりも少し高い強度でおこなう有酸素性高強度トレーニングやスピード持久力トレーニングを施すことによって向上させることが報告されている。
　ある研究によれば、持久的にトレーニングされたアスリートたちが、1つめのグループは最

大酸素摂取量強度で約２分間のランニングを８セット（グループA：100％群）、２つめのグループは130％最大酸素摂取量強度で30秒間のランニングを12セット（グループB：130％群）、週２回おこなった。比較対象としてのグループは75％最大酸素摂取量強度のスピードで60分間走を１セットおこなった（グループC：コントロール群）。対象のアスリートたちは、この実験の前には60分間走を１セット、週４回のトレーニングでおこなっていた。

　図80 **Ⓐ**に示すように、グループA（100％群）は最大酸素摂取量が51mℓ/分/kgから56mℓ/分/kgとなり、９％向上したが、グループB（130％群）は最大酸素摂取量が52mℓ/分/kgから55mℓ/分/kgへと、６％の向上に留まった。グループC（コントロール群）には向上がみられなかった。

　また、**図80 Ⓑ**に示すように、3000m走のタイムについては、グループA（100％群）は８％、グループB（130％群）は３％、タイムを短縮できたが、グループC（コントロール群）は変化

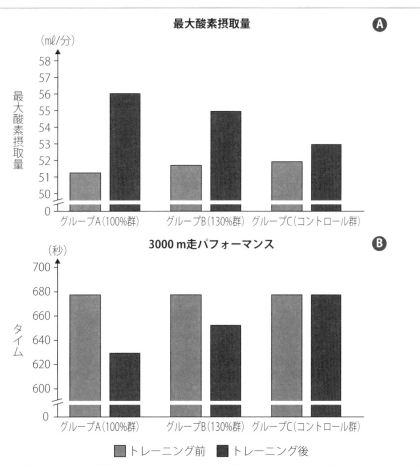

図80　普段から持久的トレーニングをおこなっているランナーに対して高強度トレーニングを追加したときの効果
高強度トレーニングは、最大酸素摂取量強度でおこなった群（グループA：100％群）と130％最大酸素摂取量強度でおこなった群（グループB：130％群）に分けて週２回おこなった。最大酸素摂取量（Ⓐ）と3000m走のタイム（Ⓑ）の変化を、通常トレーニングを続けたコントロール群（グループC：コントロール群）の結果とあわせて示した。

がなかった。以上のことから、ランニングにおいては、高強度でのトレーニングは最大酸素摂取量とパフォーマンスの両方に効果があり、最大酸素摂取量強度でトレーニングしたときに最大の効果が現れることが示された。

　近年では、最大スピードに近い速度でのスピード持久的トレーニングの、パフォーマンスに対する効果も注目されている。ある研究によると、普段トレーニングしていない人たちへの研究結果では、6～9回繰り返す最大強度での自転車運動を週3回2週間おこなうと、80%最大酸素摂取量強度での自転車運動を持続できる時間が、26分から51分に延長したことが報告されている。このとき、最大酸素摂取量の有意な増加はみられなかったが、筋の酸化酵素活性は38%増加した。すなわち、2週間以上にわたる1日トータル13分の高強度トレーニングは、パフォーマンスの顕著な改善を示すのに十分なものであった。しかしながら、普段トレーニングをしていない人たちのパフォーマンスの改善はもっと簡単にみられるものであり、今後は、研究結果に見られるような高強度トレーニングが、普段トレーニングをしている人たちに効果を及ぼすかという検討も必要である。

　最近のある研究（**図81**参照）では、普段から持久的トレーニングをおこなっているランナーのトレーニングプログラムの変更によるランニングパフォーマンスの改善について報告されている。4週間というトレーニング期間において、「週当たり45kmのランニング」から「週当たり5kmの速いスピードでのランニングとゆっくりしたスピードでの7～8kmのウォーミングアップとクーリングダウン」というトレーニングプログラム変更をした。大きな変更点はランニングの速度であり、変更前は12km/hの定常ペース走を週4回おこなっていたが、変更後は22km/時の高速度ランニング30秒を5～12回、週3回おこなうようになった。その結果、10km走のタイムには変化が見られなかったが、30秒間スプリントテスト、疲労困憊に至るま

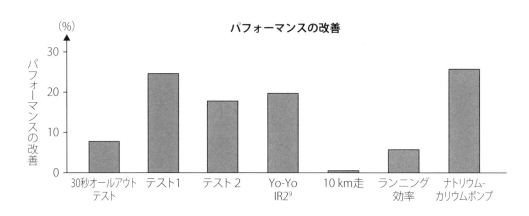

図81　トレーニングメニューの変更にともなうパフォーマンスの改善
持久的トレーニングの総量を大幅に減少し、代わりに1回30秒のスピードランニング（最大に近いスピード）を取り入れるメニューに変更したときの改善項目である。10km走を除き、ランニング効率などのランニングパフォーマンスやナトリウム-カリウムポンプの増加などの改善がみられた。

での走行時間、繰り返しおこなわれる高強度運動のパフォーマンスが顕著に向上した。

その他にこの研究でみられたパフォーマンスの改善は、ランニング効率の向上やナトリウム-カリウムポンプを含む筋の適応に関連するものであった。このことが、短時間の高強度運動によってパフォーマンスが改善された理由の一つであろう。この研究から、トレーニング量をかなり減らしても、強度の高いスピード持久力トレーニングをおこなうことによって高強度運動能力を改善でき、長時間運動パフォーマンスも低下しないことが示された。実際には、この研究結果を直接現場に応用することは今の段階では難しく、通常おこなっているトレーニングから一気に内容を更することは非現実的である。ただし、この研究結果が示す高強度運動トレーニングの重要性は十分認識しておくべきであろう。

そこで、より現実的なスピード持久力トレーニングと有酸素性トレーニングの組み合わせを研究するため、さらには長距離ランナーのタイム改善のために、次のような実験がおこなわれた。実施したトレーニングは、9週間にわたってトレーニング量を25%減少させ、週3回、95%最大酸素摂取量強度のスピードで30秒間のランを6〜12セットおこなうという、スピード持久力トレーニングであった。その結果、3000ｍ走のタイムは10分24秒から10分6秒へ、10000ｍ走のタイムは37分18秒から36分18秒へと、ランナーにとって大きなタイムの向上がみられた（図82参照）。加えて、5年以上トレーニングを継続している12人のランナーのうちの6人が、10000ｍ走において自己ベストを更新し、ランニング効率も改善され、ナトリウム-カリウムポンプの数もトレーニング開始から9週間後に増加した（図82）。このポンプの増加

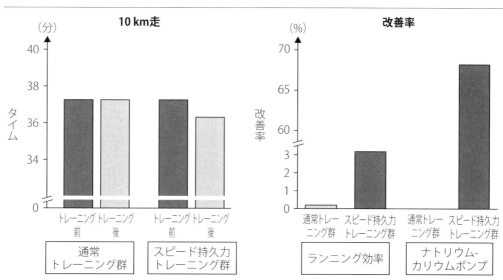

図82　高強度運動期間を含んだトレーニングプログラムのパフォーマンス（左）とランニング効率・ナトリウム-カリウムポンプ（右）に対する効果

トレーニングは、ほぼ最大速度で30秒のランニングを複数回繰り返す、スピード持久力トレーニングであった。スピード持久力トレーニング群の10000ｍ走のパフォーマンス、ランニング効率、ナトリウム-カリウムポンプの数が向上していることに注目。普段の強度と量でトレーニングをおこなったコントロール群には変化が見られなかった。

はおそらくパフォーマンス改善の一部として説明することができる。さらに最近の研究では、日常的にトレーニングをおこなっているサッカー選手においても、普段のトレーニングよりもトレーニング量を減らしスピード持久力トレーニングを多くすると、たった2週間でパフォーマンスが改善するということが示されている。

　まとめると、これらの研究結果は、量を減らすと同時に強度を上げるトレーニングをおこなうことにより、有意なパフォーマンス向上効果が得られることを示している。また、40分程度の時間を要する競技や種目においては、スピード持久力トレーニングによる明らかなトレーニング効果が期待できるという新たな知見はとても刺激的な発見である。このタイプのトレーニングはまだあまり知られておらず、一般ランナーに対してもパフォーマンスを改善する大きな可能性を秘めたトレーニングであろう。

◆要約と学習課題

要約

　高強度運動中のパフォーマンスは疲労の進行と関係があり、疲労はおそらく、収縮筋内のカリウムイオンの蓄積と筋のpHの低下によって生じている。したがって、ナトリウム-カリウムポンプおよび水素イオンの筋からの排出を担う輸送体の増加は、無酸素性トレーニング期間後のパフォーマンスの改善に貢献するであろう。持久的レースの平均スピードは、アスリートの最大酸素摂取量（1分間あたり酸素を取り込むことができる最大量）、ランニング効率（運動をともなう体重1kgあたりの酸素摂取量）とレース中の相対的運動強度（運動を維持できる最大の%酸素摂取量）から決定される。ある運動強度で運動を持続できる時間は、グリコーゲンの貯蓄量と消費される筋グリコーゲンの利用率に依存する。有酸素性トレーニングによって最大酸素摂取量と脂肪燃焼能力は増加し（すなわちグリコーゲン利用率が減少する）、また、無酸素性トレーニングによって、運動効率を改善させることができる。

復習問題

1. ナトリウム-カリウムポンプは、どのような働きをしているか？また、ナトリウム-カリウムポンプは疲労の進行にどのように影響するか？
2. 筋の低いpHは、高強度運動パフォーマンスにどのように影響するか？
3. 無酸素性トレーニングは、ウィンゲートテストの最大パワー発揮にどのように影響するか？
4. 長時間運動中の疲労の原因は何か？
5. おもな筋線維タイプにおけるグリコーゲンの枯渇は、長時間低強度運動と短時間高強度運動でどのように異なるか？

計算問題

体重が同じ70kgの3人のエリートマラソンランナーがいて、以下のような結果を示した。

	ランニング効率	相対的運動強度	最大酸素摂取量
ランナーA	180	80	5.0
ランナーB	200	85	4.5
ランナーC	220	85	5.0

1. それぞれの数値の単位を記述せよ。
2. それぞれのランナーが1km走るのに必要な酸素量を計算せよ。
3. それぞれのランナーのマラソンでの最大ランニングスピードを計算せよ。
4. それぞれのランナーのマラソンタイムを計算せよ。
5. ランナーAと同じタイムで走るためには、ランナーBは3項目をそれぞれどのように変化させるか推察せよ。同じくランナーCに対しても推察せよ。また、それぞれのランナーがトレーニングを通してこれらの変化を達成する事が現実的かどうか評価せよ。

Aagaard P., Andersen J.L.: Effects of strength training on endurance capacity in top-level endurance athletes. Scand. J. Med. Sci. Sports Suppl. 2:39-47, 2010.

Andersen, J.L., Klitgaard, H. & Saltin, B.: Myosin heavy chain isoforms in single fibres from m. vastus lateralis of sprinters: influence of training. Acta. Physiol. Scand. 151:135-142, 1994.

Balsom, P.D., Seger, J.Y., Sjödin, B. & Ekblom, B.: Physiological responses to maximal intensity intermittent exercise. Eur. J. Appl. Physiol. 65:144-149, 1992.

Balsom, P.D., Seger, J.Y., Sjödin, B. & Ekblom, B.: Maximal Intensity Exercise: Effect of Recovery Duration. Int. J. Sports Med.13: 528-533, 1992.

Balsom, P., Söderlund, K. & Ekblom, B.: Creatine in Humans with Special Reference to Creatine Supplementation. Sports. Med. 18: 268-280, 1994.

Bangsbo, J., Graham, T., Johansen, L. & Saltin, B.: Muscle lactate metabolism in recovery from intense exhaustive exercise: impact of light exercise. J. Appl. Physiol. 77: 1890-1895, 1994.

Bangsbo, J.: Fitness Training in Football-a Scientific Approach. pp. 1-336. www.bangsbosport.com, 1994.

Bangsbo, J.: Physiology of intermittent exercise. In: Exercise: Basic and Applied Science. Eds.: Garrett and Kirkendall, USA. pp. 53-66, 1999.

Bangsbo J.: Aerobic and Anaerobic Training in Soccer-With Special Emphasis on Training of Youth Players. Fitness Training in Soccer I. pp. 1-231. www.bangsbosport.com, 2007.

Bangsbo J.: In health and in a normoxic environment, VO2 max is limited primarily by cardiac output and locomotor muscle blood flow. J. Appl. Physiol. 2: 744-745, 2006.

Bangsbo J., Iaia F.M., Krustrup P.: The Yo-Yo intermittent recovery test: a useful tool for evaluation of physical performance in intermittent sports. Sports Med. 38: 37-51, 2008.

Bangsbo J., Mohr M., Krustrup P.: Training and testing the elite athlete. J. Exer. Sci. Fit. 4:1-14, 2006.

Bangsbo J., Mohr M.: Fitness Testing in Football. Bangsbosport, www.bangsbosport.com,2011.

Bird S.P., Tarpenning K.M., Marino F.E.: Designing resistance training programmes to enhance muscular fitness: a review of the acute programme variables. Sports Med. 35: 841-851, 2005.

Bogdanis, G.C., Nevill, M.E., Boobis, L.H., Lakomy, H.K. & Nevill, A.M.: Recovery of power output and muscle metabolites following 30 s of maximal sprint cycling in man. J. Physiol. 15: 467-480, 1995.

Bogdanis, G.C., Nevill, M.E., Lakomy, H.K. & Boobis, L.H.: Power output and muscle metabolism during and following recovery from 10 and 20 s of maximal sprint exercise in humans. Acta. Physiol. Scand. 163: 261-272, 1998.

Boobis, L.H.: Metabolic aspects of fatigue during sprinting, In: Exercise, Benefits, Limits and Adaptation, E. & F. N. Spon. Eds.: Macloed, Maugan, Nimmo, Reilly &Williams, pp. 116-143, 1987.

Bradley P.S., Mohr M., Bendiksen M., Randers M.B., Flindt M., Barnes C., Hood P., Gomez A., Andersen J.L, Di Mascio M., Bangsbo J., Krustrup P.: Sub-maximal and maximal Yo-Yo intermittent endurance test level 2: heart rate response, reproducibility and application to elite soccer. Eur. J. Appl. Physiol. 111: 969-978, 2010.

Burgomaster, K. A., Hughes, S.C., Heigenhauser, G.J., Bradwell, S. N., Gibala, M.J.: Six sessions of sprint interval training increases muscle oxidative potential and cycle endurance capacity in humans. J Appl Physiol. 98:1985-1990, 2005.

Christensen P.M., Krustrup P., Gunnarsson T.P., Kiilerich K., Nybo L., Bangsbo J.: VO2 kinetics and performance in soccer players after intense training and inactivity. Med. Sci. Sports Exerc., 2011.

Esfarjania, F., Laursen P.B.: Manipulating high-intensity interval training: Effects on the lactate threshold and 3000 m running performance in moderately trained males. J. Sci. Med. Sport 10:27-35, 2007.

Gaitanos, G.C., Williams, C., Boobis, L.H. & Brooks, S.: Human muscle metabolism during intermittent maximal exercise. J. Appl. Physiol. 75: 712-719, 1993.

Henriksson J., Reitman J.S.: Quantitative measures of enzyme activities in type I and type II muscle fibres of man after training. Acta Physiol. Scand. 97: 392-397, 1976.

Iaia, F. M., Thomassen, M., Kolding, H., Gunnarsson, T., Wendell, J., Rostgaard, T., Nordsborg, N., Krustrup, P., Nybo, L., Hellsten, Y., Bangsbo, J.: Reduced volume but increased training intensity elevates muscle Na+-K+ pump alpha l-subunit and NHE1 expression as well as short-term work capacity in humans. Am. J. Physiol. 294: R966-974, 2008.

Iaia, F.M., Hellsten, Y., Nielsen, J.J., Fernström, M., Sahlin, K., Bangsbo, J.: Four weeks of speed endurance training reduces energy expenditure during exercise and maintains muscle oxidative capacity, despite as significant reduction in training volume.J. Appl. Physiol.106:73-80, 2009.

Iaia F.M., Perez-Gomez J., Nordsborg N., Bangsbo J.: Effect of previous exhaustive exercise on metabolism and fatigue development during intense exercise in humans. Scand. J. Med.Sci. Sports. 20: 619-629, 2010.

Iaia F.M., Hellsten Y., Nielsen J.J., Fernström M., Sahlin, Bangsbo J.: Four weeks of speed endurance training reduces energy expenditure during exercise and maintain muscle oxidative capacity, despite a significant reduction in training volume. J. Appl. Physiol. 106:73-80, 2009.

Iaia F.M., Rampinini E., Bangsbo J.: High-intensity training in football. Int. J. Sports. Physiol. Perform. 4: 291-306,2009.

Iaia F.M., Thomassen M., Kolding H., Gunnarsson T., Wendell, J., Rostgaard T., Nordsborg N., Krustrup P., Nybo L., Hellsten Y., Bangsbo J.: Reduced volume but increased training intensity elevates muscle Na+, K+ pump {alpha}l subunit and NHE1 expression as well as short-term work capacity in humans. Am. J. Physiol. 294: R966-R974,

2008.

Iaia F.M., Perez-Gomez J., Thomassen M., Nordsborg N.B., Hellsten Y., Bangsbo J.: Relationship between performance at different exercise intensities and skeletal muscle characteristics. J. Appl. Physiol. 110: 1555-63, 2011.

Iaia F.M., Bangsbo J.: Speed endurance training is a powerful stimulus for physiological adaptations and performance improvements of athletes. Scand. J. Med. Sci. Sports. Suppl 2:11-23, 2010.

Jensen J.M., Bredsgaard-Randers M., Krustrup P., Bangsbo J.: Intermittent high intensity drills improve in-seasonal performance of elite soccer players. In: Science and Football VI. Eds. Reilly T. & Korkusuz F. Routledge, London; pp. 296-301, 2009.

Jensen, K., Johansen, L. & Secher, N.H.: Influence of body mass on maximal oxygen uptake: effect of sample size. Eur. J. Appl. Physiol. 84: 201-205, 2001.

Jones A., Carter H.: The effect of endurance training on parameters of aerobic fitness. Sports Med. 29: 373-386, 2000.

Juel C., Klarskov C., Krustrup P., Mohr M., Bangsbo J.: Effect of high intense intermittent training on lactate and H+ release from human skeletal muscle. Am. J. Physiol. 286: E245-E251, 2004.

Krustrup P., Hellsten Y., Bangsbo J.: Interval training elevates muscle oxygen uptake at high but not at low exercise intensities. J. Physiol. 559: 335-45, 2004.

Krustrup P., Ortenblad N., Nielsen J., Nybo L., Gunnarsson T.P., Iaia F.M., Madsen K., Stephens, F., Greenhaff P., Bangsbo J.: Maximal voluntary contraction force, SR function and glycogen resynthesis during the first 72 h after a high-level competitive soccer game. Eur. J. Appl. Physiol., 2011.

Krustrup P., Christensen J.F., Randers M.B., Pedersen H., Sundstrup E., Jakobsen M.D., Krustrup B.R., Nielsen J.J., Suetta C., Nybo L., Bangsbo J.: Muscle adaptations and performance enhancements of soccer training for untrained men. Eur. J. Appl. Physiol. 108:1247-1258, 2010.

Krustrup P., Jones A.M., Wilkerson D.P., Calbet J.A., Bangsbo J.: Muscular and pulmonary O2 uptake kinetics during moderate-and high-intensity sub-maximal knee-extensor exercise in humans. J. Physiol. 587: 1843-1856, 2009.

Krustrup P., Secher N.H., Relu M., Hellsten Y., Soderlund K, Bangsbo J.: Neuromuscular blockade of slow twitch muscle fibres elevates muscle oxygen uptake and energy turnover during submaximal exercise in humans. J. Physiol. 586: 6037-6048, 2008.

Krustrup P, Söderlund K, Mohr M, Bangsbo J.: The slow component oxygen uptake during intense, sub-maximal exercise in man is associated with additional fibre recruitment. Pflügers Arch. 447: 855-866, 2004.

Krustrup P., Mohr M., Nybo L., Jensen J.M., Nielsen J.J., Bangsbo J.: The Yo-Yo IR2 test: physiological response, reliability, and application to elite soccer. Med. Sci. Sports Exerc. 38:1666-1673, 2006.

Larsen, H.B.: Training principles in distance running. In.: Running & Science -in an Interdisciplinary Perspective. Eds.: Bangsbo & Larsen, Munksgaard, pp.123-147, 2001.

Laursen P.B., Shing C.M., Peake J.M., Coombes J.S., Jenkins D.G.: Interval training program optimization in highly trained endurance cyclists. Med. Sci. Sports Exerc. 34: 1801-1807, 2002.

Laursen P.B.: Training for intense exercise performance: high-intensity or high-volume training? Scand. J. Med. Sci. Sports. Suppl 2: 1-10, 2010.

Leveritt, M., MacLaughlin, H. & Abernethy, P.J.: Changes in leg strength 8 and 32 h after endurance exercise. J. Sports. Sci. 18: 865-871, 2000.

Levine, B.D. & Stray-Gundersen, J.: A practical approach to altitude training. Int. J. Sports. Med. 13: 209-212, 1992.

Kiens, B. & Richter, E. A.: Utilization of muscle triaglycerol during post-exercise recovery in man. Am. J. Physiol. 274: E89-E95, 1998.

Mckenna M., Bangsbo J., Renaud J.: Muscle K+, Na+, Cl- disturbances and Na+, K+-pump inactivation: implications for muscle fatigue. J.

Appl. Physiol. 104: 288-295, 2008.

Midgley, A.W., McNaughton, L. R., Wilkinson, M.: Is there an optimal training intensity for enhancing the maximal oxygen uptake of distance runners? Empirical research findings, current opinions, physiological rationale and practical recommendations. Sports Med. 36: 117-132, 2006.

Mujika, I.: The influence of training characteristics and tapering on the adaptation in highly trained individuals: A review. Int. J. Sports Med.19: 439-446, 1998.

Nielsen, B. & Krog, P.: Optimal fluid replacement during long-lasting exercise in 18℃ and 32℃ ambient temperature. Scand. J. Med. Sci. Sports. 4: 173-180, 1994.

Nielsen J.J., Mohr M., Klarskov C., Kristensen M., Krustrup P., Juel C., Bangsbo J.: Effects of high-intensity intermittent training on potassium kinetics and performance in human skeletal muscle. J. Physiol. 554: 857-870, 2004.

Nordsborg N., Ovesen J., Thomassen M., Zangenberg M. A., Jøns C., Iaia F.M., Nielsen J.J.,Bangsbo J.: Effect of dexamethasone on skeletal muscle Na+, K+ pump subunit specific expression and K+ homeostasis during exercise in humans. J. Physiol. 586: 1447-1459, 2008.

Nyberg M., Mortensen S.P., Saltin B., Hellsten Y., Bangsbo J.: Low blood flow at onset of moderate-intensity exercise does not limit muscle oxygen uptake. Am. J. Physiol. 298: R843-848, 2010.

Randers M.B., Nybo L., Petersen J., Nielsen J.J., Christiansen L., Bendiksen M., Brito J., Bangsbo J., Krustrup P.: Activity profile and physiological response to football training for untrained males and females, elderly and youngsters: influence of the number of players. Scand. J. Med. Sci. Sports. Suppl 1: 14-23, 2010.

Reilly, T. and Bangsbo, J.: Anaerobic and aerobic training. In: Applied Sport Science:Training in sport. Eds.: B. Elliott, Australia, pp. 351-380, 1998.

Rostgaard T., Iaia F.M., Simonsen D.S., Bangsbo J.: A test to evaluate the physical impact on technical performance in soccer. J. Strength Cond. Res. 22: 283-292, 2008.

Running & Science -in an Interdisciplinary Perspective. Eds.: Bangsbo & Larsen, Munksgaard, 2001.

Saltin B.: The physiological and biochemical basis of aerobic and anaerobic capacities in man: Effect of training and range of adaptation. In: An update on Sports Medicine, Mæhlum/Nilsson/Renstrøm, 1987.

Shepley, B., MacDougall, J.D., Cipriano, N., Sutton, J.E., Tarnopolsky, M.A. & Coates, G.: Physiological effects of tapering in highly trained athletes. J. Appl. Physiol. 72: 706-711, 1992.

Street D., Nielsen J.J., Bangsbo J., Juel C.: Metabolic alkalosis reduces exercise-induced acidosis and potassium accumulation in human skeletal muscle interstitium. J. Physiol. 566: 481-489, 2005.

Svedenhag, J.: Running economy. In.: Running & Science -in an Interdisciplinary Perspective. Eds.: Bangsbo & Larsen, Munksgaard, pp. 85-109, 2001.

Thomassen M., Christensen P.M., Gunnarsson T.P., Nybo L., Bangsbo J.: Effect of 2-wk intensified training and inactivity on muscle Na+-K+ pump expression, phospholemman (FXYD1) phosphorylation, and performance in soccer players. J. Appl. Physiol. 108: 898-905, 2010.

Weltman, A., Weltman, J.Y., Schuwer, R., Evans, W.S., Veldhuis J.D. & Rogel, A.D.: Endurance training amplifies the pulsatile release of growth hormone: effects of training intensity. J. Appl. Physiol. 72: 2188-2196, 1992.

Wenger, A.H. & Bell, J.G.: The Interactions of intensity, frequency and duration of exercise training in altering cardiorespiratory fitness. Sports Med. 3: 346-356, 1986.

Åstrand, P. O. & Rodahl, K.: Textbook of Work Physiology. New York: McGraw-Hill.

Internet pages

www.soccerfitness.com
www.bangsbosport.com
www.idrottsbokhandeln.se

訳者あとがき

　本書との出会いは、2011年に参加した、アジアサッカー連盟（AFC）主催の公認フィットネスコーチ養成コースにおける講義でした。サッカー専門のフィットネスコーチを認定するこのコースは、本書の著者であるバングスボ氏自らがインストラクターとして、5日間のコースを1年おきに4回受講して認定試験にパスすると取得できる、世界でも前例がないユニークなコースでした。コース初日に配布されたカリキュラムには、トレーニング生理学の講義が毎日3コマずつ用意されていて、試験にパスできるのか、受講したコーチは皆不安でした。ところが、本書を使って進められる講義は、指導現場で必要最低限の知識が、シンプルに、順序立てて説明されており、各章末の「学習課題」に対してグループワークをおこなうことによって、生理学を専門としない受講生たちの理解が日増しに深まっていきました。さらに、受講したコーチたちがトレーニング生理学の理論を理解していくなかで口々に、「だから、あの選手は後半動けなくなるんだ！」「経験的におこなっていたあのトレーニングの根拠はこういうことなのか！」と気づいていく様子を目の当たりにしました。これらの体験が、トレーニング生理学を学ぶことに恐れを抱いている、日本の指導者や未来の指導者である学生たちに対して、本書がより身近にトレーニング生理学を学ぶことができる良いツールになると確信した背景です。

　実際に、本書に出会って以降、本書を原書のまま大学の講義で採用し始めると、トレーニング生理学の理解には、専門用語の暗記だけではなく、各章末の「学習課題」にある「計算問題」のような数学的思考も必要であることに気づきました。また、12章に解説されているように、呼吸系、循環系、筋・神経系、内分泌系などに対する、有酸素性トレーニングおよび無酸素性トレーニングの効果を一覧にまとめて示すことで、身体機能の変化を全体像で理解する視点が養われることも新鮮な驚きでした。これらがまさに本書の特徴であり、米国とは少し趣きが異なるようにも感じる、デンマーク・コペンハーゲン大学の生理学探究アプローチを反映した構成なのかもしれません（私が2009〜2010年に同大学の訪問研究員であった経験もふまえてですが）。

　著者であるバングスボ氏の有名な言葉に、"Football is not Science, but Science may improve the level of Football（サッカーは科学ではないけれども、科学がサッカーのレベルを向上させるに違いない）"があります。ここでの"Football"は 他のどのスポーツ種目にも当てはめることができます。本書は、最近の研究結果に裏づけされた根拠に基づいて、効果的なトレーニングの背後にある科学的事実を、すべてのスポーツ種目に応用可能な内容に落とし込んで説明しています。本書を手に取った指導者や学生、選手たちが、本書の内容を自分たちの身近な問題と捉え、それぞれのスポーツ種目のパフォーマンス向上に役立ててもらえることを期待しています。

　最後に、本書の翻訳を快く引き受けてくださった諸先生方、発刊までの過程で何度も勇気づけていただきました、大修館書店の粟谷修氏、鈴木智博氏に深く感謝申し上げます。

2019年12月

監訳者代表　安松幹展

［著者紹介］

ヤン・バングスボ（Jens Bangsbo）

　国際的に知られたコペンハーゲン大学オーガストクロウ研究所（デンマーク）の博士であり、運動・スポーツサイエンス学部の教授である。その他、フットボールに関する国際会議（Science and Football）の理事も務めている。トレーニング生理学と測定を研究対象としており、その専門家として300本以上の論文を執筆し、15冊以上の書籍を上梓している。

　競技歴としては、デンマークのトップリーグおよびデンマークナショナルチームで合計350以上の試合に出場している。指導歴としては、2001年から2004年まで、イタリアセリエAの強豪ユベントスFCのトップチームのアシスタントコーチ、ユーロ2004、2010ワールドカップにおけるデンマークナショナルチームのコーチングスタッフを務めた。UEFAとFIFAの公認インストラクターでもある。また、ナイキのブートキャンプおよびイグナイトプログラムの開発者でもある。

［監訳者紹介］

安松幹展（やすまつ みきのぶ）

　1970年東京都生まれ。1998年東京都立大学大学院博士課程修了。専門は、運動生理学、環境生理学で、特にサッカー選手におけるコンディショニング、パフォーマンス分析をおもな研究テーマにしている。2009〜2010年、著者のバングスボ氏の下で訪問研究員として在籍。

　現在、立教大学コミュニティ福祉学部スポーツウエルネス学科教授、博士（理学）。その他、JFA技術委員会フィジカルフィットネスプロジェクトメンバー、AFCフィットネスコーチインストラクター、日本フットボール学会会長、JFA公認A級ジェネラルコーチ。

宮城 修（みやぎ おさむ）

　1967年北海道生まれ。1996年中京大学大学院博士課程修了。専門は、スポーツ生理学、スポーツ測定法で、サッカー選手のコンディショニング、スポーツ選手の身体組成をおもな研究テーマにしている。

　現在、大東文化大学スポーツ・健康科学部スポーツ科学科教授。博士（体育学）。その他、JFA技術委員会フィジカルフィットネスプロジェクトメンバー、日本フットボール学会副会長、JFA公認A級ジェネラルコーチ、Jリーグ・アカデミーアドバイザリースタッフ（2003〜2009年）。

［翻訳担当］

安松幹展	立教大学	はじめに、序章、12章
丸山剛生	東京工業大学	第1章、第2章
長谷川博	広島大学	第3章、第4章
沼澤秀雄	立教大学	第5章
宮城　修	大東文化大学	第6章、第7章
中村大輔	立教大学	第8章
依田珠江	獨協大学	第9章、第10章
広瀬統一	早稲田大学	第11章

スポーツコーチのためのトレーニング生理学
©Mikinobu Yasumatsu & Osamu Miyagi, 2020 NDC780／vii，151p／24cm

初版第1刷——2020年2月1日

著　者———ヤン・バングスボ
監訳者———安松幹展／宮城 修
発行者———鈴木一行
発行所———株式会社 大修館書店
　　　　　　〒113-8541 東京都文京区湯島2-1-1
　　　　　　電話03-3868-2651（販売部）　03-3868-2299（編集部）
　　　　　　振替00190-7-40504
　　　　　　［出版情報］https://www.taishukan.co.jp

装　丁———石山智博
組版所———明昌堂
印刷所———横山印刷
製本所———ブロケード